LES VALEURS THÉRAPEUTIQUES DES OLIGOÉLÉMENTS

Données de catalogage avant publication (Canada)

Heller, Julia, 1954-

Les valeurs thérapeutiques des oligoéléments

(Collection Santé naturelle)

ISBN 2-7640-0374-9

1. Oligoéléments - Emploi en thérapeutique. 2. Oligoéléments dans l'organisme. I. Titre. II. Collection: Collection Santé naturelle (Outremont, Québec).

RM666.T73H44 2000 615'.2 C99-941796-7

LES ÉDITIONS QUEBECOR
7, chemin Bates
Outremont (Québec)
H2V 1A6
Téléphone: (514) 270-1746

Bibliothèque nationale du Québec
Bibliothèque nationale du Canada
ISBN 2-7640-0374-9

Éditeur: Jacques Simard
Coordonnatrice de la production: Dianne Rioux
Conception de la page couverture: Bernard Langlois
Révision: Sylvie Massariol
Correction d'épreuves: Jocelyne Cormier
Infographie: Composition Monika, Québec

Nous reconnaissons l'aide financière du gouvernement du Canada par l'entremise du Programme d'Aide au Développement et l'Industrie de l'Édition pour nos activités d'édition.

LES VALEURS THÉRAPEUTIQUES DES OLIGOÉLÉMENTS

Julia Heller

LES ÉDITIONS
Quebecor

INTRODUCTION

Oligo, un élément tiré du grec, signifie «petit et peu nombreux»; un oligoélément, selon *Le Petit Robert*, est un «élément chimique, métal ou métalloïde, présent en très faible quantité dans l'organisme, et généralement indispensable au métabolisme».

Les oligoéléments, parfois appelés «minéraux» (lorsqu'ils ne sont plus «oligo», c'est-à-dire peu nombreux), sont au nombre d'environ 60. Cependant, pour plus de 60 % d'entre eux (antimoine, bismuth, bore, etc.), aucune étude ne vient véritablement, et hors de tout doute, étayer la preuve de leur caractère essentiel dans l'organisme humain.

Certains des éléments traités dans ces pages se trouvent dans le corps en bonne quantité, comme le calcium, tandis que d'autres, comme le manganèse, s'y trouvent en quantité infinitésimale. Et pourtant, calcium ou manganèse, l'organisme a besoin, pour des échanges biochimiques harmonieux, de jouir de la présence des deux. En fait, tous les oligoéléments dont il sera question dans ce volume sont indispensables (ou semblent l'être) au bon fonctionnement de l'organisme.

Le corps ne fabrique pas lui-même ses oligoéléments. Il les consomme, il les absorbe; avec la complicité des vitamines, des protéines, des enzymes, des lipides, des glucides, des hormones. Il les assimile, les synthétise, les métabolise, les potentialise afin de procurer à l'organisme un équilibre vis-à-vis de lui-même et de la nature, de laquelle il est issu.

Fatigue, difficultés à digérer, maux de tête, troubles du sommeil, douleurs musculaires ou articulaires récidivantes, déprime, abattement, angoisse, anxiété, baisse d'énergie, difficultés de concentration, manque de vigilance, manifestations allergiques, mauvaise assimilation des aliments, cicatrisation des plaies lente et longue, baisse de la libido, fragilité osseuse, caries, cheveux ternes et cassants, ongles mous, prise ou perte de poids anormales, affections récurrentes des voies respiratoires sont autant de signaux qu'émet le corps et qui se traduisent souvent par des appels à l'aide; autant de malaises qui signifient fréquemment (mais pas exclusivement) que l'individu souffre d'un déficit en un (ou plusieurs) oligoéléments.

Normalement, une alimentation bien équilibrée en fruits, légumes, viandes, produits laitiers, produits céréaliers, légumineuses, etc., suffit à nourrir l'organisme en oligoéléments. Malheureusement, la pollution, l'usage du tabac, les excès de thé, de café, d'alcool, de sucres raffinés, de médicaments ou de drogues, le stress et tout un tas d'autres facteurs viennent «piper» les dés et bousculer l'harmonie des échanges entre les aliments, l'eau et l'air que l'on respire et les minéraux que l'on consomme.

Lire, étudier et chercher à comprendre l'action et l'interaction des minéraux et des oligoéléments, c'est investir dans sa santé.

NOMENCLATURE DES PRINCIPAUX OLIGOÉLÉMENTS

ALUMINIUM
ARGENT
ARSENIC
CALCIUM
CHROME
COBALT
CUIVRE
FER
FLUOR
IODE
LITHIUM
MAGNÉSIUM
MANGANÈSE
MOLYBDÈNE
NICKEL
OR
PHOSPHORE
POTASSIUM
SÉLÉNIUM
SILICIUM
SODIUM
SOUFRE
ZINC

ALUMINIUM

Bien que le corps en contienne entre 30 et 35 mg, disséminés dans les organes et les tissus, l'aluminium ne semble pas être un oligoélément indispensable au bon fonctionnement de l'organisme, de l'avis quasiment unanime des spécialistes et selon de nombreuses études. Cependant, s'il s'est avéré impossible jusqu'à maintenant de démontrer sa nécessité pour l'acquisition et le maintien d'une bonne santé, on a tout de même établi que sa consommation pouvait être extrêmement bénéfique dans le traitement de certains dysfonctionnements, et ce, particulièrement chez l'enfant.

L'aluminium est un tonique cérébral et, dans une certaine mesure, un équilibrant du système nerveux. Les enfants qui souffrent de problèmes sur le plan scolaire, problèmes imputables à une difficulté de concentration ou à l'incapacité d'affronter un programme d'études si lourd et si chargé qu'il leur semble rébarbatif jusqu'à en paraître insurmontable, auraient avantage à consommer des aliments contenant de l'aluminium. Cette recommandation s'applique aussi, bien sûr, aux adultes souffrant du même problème ainsi qu'aux enfants présentant des retards intellectuels.

L'aluminium lutte contre l'atonie intellectuelle, qui se traduit par de l'inertie, de la langueur, de la torpeur ou de la somnolence. En réalité, il lutte contre le surmenage intellectuel en apaisant le psychisme, en chassant l'irritabilité, en calmant l'exaspération. En outre, l'aluminium favorise la lutte contre l'insomnie en régularisant et en équilibrant la fonction du sommeil.

Cependant, si l'aluminium exerce une action positive au niveau du cerveau, il le fait sans pénétrer celui-ci, stoppé dans son périple sanguin par une frontière cérébrale naturelle et imprenable.

Il est maintenant clairement établi que l'organisme ne stocke pas l'aluminium ingéré lorsque les individus consomment de l'eau et des aliments solides en contenant; les reins d'une personne en bonne santé excrètent l'aluminium absorbé. Bien entendu, les personnes qui souffrent d'affections au niveau des reins, notamment d'insuffisance rénale, éprouvent des difficultés à éliminer l'aluminium, mais ces gens bénéficient d'un suivi médical rigoureux en rapport avec leur état.

Dans un autre ordre d'idées, et peut-être en raison de son influence sur les aptitudes intellectuelles et sur la capacité de concentration, l'aluminium a souvent été désigné (et l'est encore parfois) comme un des grands responsables, sinon de l'apparition tout au moins de l'aggravation, de la maladie d'Alzheimer. Aujourd'hui, les rapports d'expérimentation sur les humains comme sur les animaux infirment toutes les hypothèses de naguère engageant la responsabilité de ce métal sur cette maladie dégénérative. Certains scientifiques émettent toutefois encore des doutes quant à son caractère absolument et complètement inoffensif. Pour l'instant, disons que les doses d'aluminium décelées, par autopsie, dans le cerveau des personnes ayant souffert de la maladie d'Alzheimer semblent être beaucoup plus une conséquence de cette maladie qu'une cause. Les recherches actuelles, visant à percer l'obscurité entourant cette maladie, font état de tellement de facteurs, notamment et particulièrement les facteurs génétiques, qu'il est impossible d'incriminer un seul agent. Toutefois, à la lumière de ce que l'on en sait aujourd'hui, l'aluminium est exonéré de tout blâme.

Rien dans la recherche actuelle ne vient confirmer (bien au contraire) certaines croyances populaires à l'effet que l'utilisation de chaudrons d'aluminium serait une habitude nocive pour la santé, à cause de la toxicité de ce métal. Aucune recherche ne vient, non plus, étayer la croyance de la nocivité des désodorisants même si ceux-ci contiennent de grandes quantités d'aluminium.

Bref, si aucune recherche ne prouve, hors de tout doute, le caractère indispensable de l'aluminium pour l'équilibre de l'organisme, qu'aucune étude ne vienne étayer la supposition qu'il puisse avoir une fonction biologique essentielle, la grande majorité d'entre elles (sinon toutes) confirme le réflexe naturel de l'organisme à éliminer, par les reins, tout aluminium qui serait en surplus dans le corps, et ce, même si celui-ci en a reçu des doses massives.

De façon générale, les gens qui ne prennent pas de médicaments (car certains de ceux-ci engendrent une consommation allant parfois jusqu'à 1000 mg par jour) consomment moins de 15 mg d'aluminium quotidiennement.

TRAITEMENT

Un traitement à base d'aluminium est recommandé pour lutter contre l'atonie intellectuelle et les difficultés de concentration des enfants et des adolescents, difficultés qui entraînent presque infailliblement des problèmes et des retards sur le plan scolaire. Faites prendre à l'enfant ou à l'adolescent le traitement requis pour son cas particulier. En fait, ce traitement facilite la structuration de la pensée, la formation des idées et l'enchaînement de celles-ci, en plus de favoriser la santé de la mémoire.

Un traitement du même type est utile pour combattre l'irritabilité et la nervosité et arriver ainsi à chasser l'insomnie (ou d'autres troubles du sommeil) et contrer les problèmes de comportements qui résultent de ces états fébriles.

RECETTE: PAIN AUX DATTES

Ce pain contient 5 ingrédients qui renferment de l'aluminium (à l'état de traces). Il s'agit des farines, des flocons de son, du cacao, des noix et des amandes.

Les grands comme les petits en raffolent! Délicieux, nourrissant, servez-le au petit déjeuner, comme dessert ou comme collation.

Ingrédients

1 tasse (250 ml) de dattes hachées
1 c. à thé (5 ml) de bicarbonate de sodium
1 tasse (250 ml) d'eau bouillante
1 c. à thé (5 ml) de vanille
¾ de tasse (185 ml) de margarine
1 tasse (250 ml) de cassonade
2 œufs
1 ½ tasse (375 ml) de farine blanche
½ tasse (125 ml) de farine de blé
¼ de tasse (60 ml) de flocons de son
½ tasse (125 ml) de poudre de cacao
1 c. à thé (5 ml) de bicarbonate de sodium
½ c. à thé (2,5 ml) de sel
¼ de tasse (60 ml) de noix hachées
¼ de tasse (60 ml) d'amandes effilées

Préparation

Dans un bol, mêlez les dattes, 1 c. à thé (5 ml) de bicarbonate, l'eau bouillante et la vanille. Mélangez et laissez tiédir.

Dans un autre bol, défaites la margarine en crème avec la cassonade. Incorporez les œufs et battez bien. Ajoutez à celui-ci le premier mélange tiédi.

Dans un autre bol encore, mesurez la farine blanche, la farine de blé, les flocons de son, la poudre de cacao, le bicarbonate restant, le sel, les noix et les amandes. Mêlez bien, puis faites un puits au centre des ingrédients secs et versez-y, d'un seul coup, les ingrédients liquides. Mêlez sans brasser vigoureusement et sans fouetter. Juste assez, en fait, pour humidifier tous les ingrédients secs et rendre le mélange homogène. Versez la pâte dans un moule à pain (standard) graissé.

Cuisez à 350 °F (180 °C) pendant 1 heure. Laissez refroidir une quinzaine de minutes dans le moule avant de déposer le pain sur une grille pour le faire refroidir tout à fait.

ARGENT

Les recherches les plus récentes démontrent qu'à l'instar de l'aluminium, l'argent ne tient pas, dans l'organisme, une place qui semble prépondérante ni un rôle qui paraisse essentiel au maintien de la santé. En effet, cet oligoélément n'existe, dans l'organisme humain, qu'à l'état de traces.

Mais, tout comme l'aluminium, sa présence exerce tout de même une action positive sur la santé. Les bienfaits de l'argent se font sentir particulièrement sur le plan des infections. Bactéricide reconnu, anti-infectieux efficace, il lutte efficacement contre les «infections pulmonaires, grippales et intestinales» (J. Valnet) ainsi que contre les infections urinaires. Il favorise une augmentation de l'énergie globale de l'organisme entraînant, par conséquent, une augmentation des défenses du système immunitaire; cela le rend plus apte à lutter contre les assauts des bactéries et des microbes.

ASSOCIATION CUIVRE, OR ET ARGENT

Toutefois, l'effet positif maximal de cet oligoélément est fourni par le mélange cuivre/or/argent. Cette combinaison d'oligoéléments est un puissant remède pour chasser les états de fatigue ou d'apathie qui surviennent si souvent après que le corps a été la proie d'une infection. Bien que certains symptômes de ces états soient observables sur le plan physique (par exemple, une perte importante d'énergie avec difficulté de récupération), c'est incontestablement sur le plan psychique que l'organisme en convalescence, consécutivement à une agression de germes indésirables, subit les plus importants contrecoups.

Avant de vous en faire une brève nomenclature, j'aimerais préciser que ces états ne sont pas exclusifs aux personnes ayant subi une infection (bien qu'elles y soient très vulnérables), mais ils concernent également toute personne (nonobstant l'âge) en réaction à un traumatisme, à un coup du sort, à un revers, bref à une période sombre de la vie. Les états les plus fréquemment observés sont l'apathie, l'indolence, la résignation, le manque (ou l'absence) de réactions ou d'émotions devant les événements quotidiens, la prostration, une grande lassitude, le découragement, l'affliction, l'angoisse et l'anxiété qui s'installent parfois de façon permanente, une baisse notable des facultés intellectuelles, l'apparition et la croissance d'obsessions, de doutes, d'inhibitions et de phobies et une baisse importante (allant parfois même jusqu'à la disparition totale) de la volonté.

Sur le plan de la santé globale, ces déplorables tendances à la morosité, voire à la morbidité, entraînent presque toujours systématiquement d'autres états maladifs et, souvent, facilitent l'installation chronique de malaises et de maladies qui, jusque-là, ne se manifestaient que de façon discontinue et passagère.

La prise quotidienne de cuivre/or/argent en cure de trois semaines à raison d'une dose par jour suffit généralement à donner à l'organisme les armes nécessaires pour combattre ces tristes manifestations et lui redonner énergie, enthousiasme, ardeur et résistance.

Bien entendu, l'absorption d'oligoéléments, si efficaces soient-ils, ne suffit pas; il est essentiel que l'individu désire sincèrement émerger de sa langueur et que d'autres moyens soient également mis à sa disposition. À cet égard, consultez (à la fin de ce livre) en annexe la liste des fruits et des légumes qu'il convient de consommer pour obtenir des résultats optimums.

Aucun aliment ne semble contenir suffisamment d'argent pour être mentionné.

ARSENIC

L'arsenic, à l'instar de l'aluminium et de l'argent, est un oligoélément dont on n'a pas encore démontré le caractère indispensable pour l'organisme. Les informations nous renseignant sur ses fonctions mettent surtout en valeur son effet tonique (il «fouette» le sang) et sa participation à la guérison de certaines maladies de la peau, notamment le psoriasis et l'eczéma, bien que sa toxicité latente soit souvent mise en relief.

Cependant, les vertus thérapeutiques de l'arsenic ne se limitent pas à cela. Il dissémine ses pouvoirs dans divers domaines tels la croissance, la stimulation de la faim, la production d'énergie, la respiration et l'échange entre les éléments nutritifs. En outre, il aide à combattre certaines affections comme les états anémiques ou asthéniques, les douleurs arthritiques (ou simplement articulaires) et certains troubles respiratoires.

En médecine homéopathique, l'oligoélément arsenic est utilisé pour vaincre les céphalées et les migraines, l'irritabilité, la nervosité, l'angoisse, l'anxiété ainsi que, fort curieusement, les empoisonnements alimentaires. En plus de ces actions bénéfiques, l'arsenic remplit également, au sein de la médecine chinoise, le mandat de soigner l'asthme.

Outre sous forme poudreuse ou sous forme de remèdes homéopathiques, on trouve des traces d'arsenic dans les pommes de terre, les carottes, l'ail et les épinards; les fruits de mer, certains poissons, le riz, le bœuf et le porc ainsi que dans les pommes.

RECETTE: SOUPE DE POISSON ET DE POMMES DE TERRE, À L'ESTRAGON

Ingrédients

4 c. à thé (20 ml) de beurre
¼ de tasse (60 ml) d'oignon rouge, haché
¼ de tasse (60 ml) de céleri finement coupé
½ tasse (125 ml) de carottes en petits cubes
2 c. à soupe (30 ml) d'estragon frais, haché
2 pommes de terre moyennes, en petits cubes
8 tasses (2 litres) d'eau
¼ de tasse (60 ml) de base de poisson
2 ou 3 gousses d'ail finement hachées
2 tasses (500 ml) de poissons et fruits de mer variés
sel et poivre au goût

Préparation

Dans un chaudron, faites fondre le beurre et faites-y revenir l'oignon, le céleri, les carottes, l'estragon et les cubes de pomme de terre. Ajoutez l'eau, la base de poisson et l'ail. Faites mijoter de 20 à 25 minutes, à feu moyen. Incorporez les poissons et faites de nouveau mijoter une quinzaine de minutes à feu doux. Salez et poivrez au goût. Servez avec un petit bouquet de persil frais.

RECETTE: FRICASSÉE DE BŒUF, DE PORC, DE CAROTTES ET DE POMMES DE TERRE

Ingrédients

2 c. à soupe (30 ml) de beurre
1 lb (454 g) de porc maigre en cubes
1 lb (454 g) de bœuf maigre en cubes
1 boîte (375 ml) de consommé de bœuf
environ 2 c. à thé (10 ml) de base de bœuf par tasse (250 ml) d'eau
2 oignons moyens hachés
1 c. à thé (5 ml) d'origan
1 pincée de thym
2 c. à soupe (30 ml) de persil frais haché
2 gousses d'ail finement hachées
1 tasse (250 ml) de carottes coupées en cubes
1 tasse (250 ml) de pommes de terre coupées en cubes
½ tasse (125 ml) d'eau

Préparation

Dans un chaudron, faites fondre le beurre et faites-y revenir les cubes de viande à feu vif. Ajoutez ensuite l'eau, le consommé et la base de bœuf, les oignons hachés, l'origan, le thym, le persil et l'ail et laissez mijoter environ 2 heures. Au bout de ce temps, ajoutez les cubes de carottes et de pommes de terre et faites mijoter de nouveau jusqu'à ce que les légumes soient cuits et la viande tendre. Servez sur du riz.

CALCIUM

De tous les minéraux, le calcium est incontestablement un des plus importants dans le corps humain. C'est lui notamment qui assure aux os leur solidité, leur résistance et leur dureté, et c'est sa consommation suffisante, régulière et assidue tout au cours de l'enfance, de l'adolescence et de l'âge adulte qui permet aux individus, dans une large mesure, de se préserver contre les fractures compliquées, voire inguérissables, souvent fatales, à l'âge d'or.

Le corps humain est constitué de 1 à 2,2 kg (de 2,2 à 4,8 lb) de calcium, selon l'organisme de chacun. En réalité, selon L. Wurmser (revue des Laboratoires homéopathiques de France), le volume du calcium correspond approximativement à 1,65 % du poids corporel. De 98 % à 99 % du calcium du corps prend le chemin du squelette. Le reste se disperse un peu partout dans l'organisme, particulièrement dans les tissus et les muscles.

Les rôles du calcium sont très nombreux même s'ils sont souvent méconnus. Bien que sa vocation première soit incontestablement de consolider le squelette et de nourrir les os afin de favoriser la meilleure ossification possible, le calcium a d'autres mandats. En outre, il intervient dans la coagulation sanguine. Sans cet élément essentiel, les coupures risqueraient à tout moment de se transformer en hémorragies. Aussi, le calcium exerce une véritable influence dans la transmission de l'influx nerveux qui commande les fonctions musculaires. Grâce à lui, de nombreux échanges cellulaires se font de façon plus harmonieuse, tant au niveau des membranes que des noyaux cellulaires. Il exerce, en plus, une influence sur les fonctions cardiovasculaires (rythme cardiaque) et sur le système immunitaire.

Les signes et les symptômes les plus communs et les plus notoires d'une carence en calcium sont les caries dentaires ou une douleur diffuse au niveau de la racine des dents; les ongles fragiles, mous, cassants, abîmés ou qui se dédoublent; les problèmes de croissance, notamment le rachitisme; l'ostéoporose (dégénérescence de la structure osseuse), la déminéralisation, la fragilité de l'ossature et une sensibilité accrue au niveau des os; les crampes musculaires allant parfois jusqu'à la tétanie qui est une excitabilité neuromusculaire anormalement élevée se traduisant par des accès de contractures (contractions prolongées et involontaires) ou des spasmes d'un ou de plusieurs muscles. En outre, l'insuffisance de calcium entraîne des règles plus douloureuses, des hémorroïdes, des saignements de nez fréquents, des problèmes cardiaques, notamment l'arythmie et les palpitations, des états nerveux (irritabilité) et de l'insomnie ou d'autres troubles du sommeil.

Les besoins en calcium diffèrent sensiblement selon la catégorie d'âge ou l'état de la santé. Par exemple, pour combler les exigences de son organisme, un adulte a besoin d'en consommer 900 mg par jour, tandis que les adolescents en pleine croissance, les personnes de plus de 55 ans, les femmes enceintes, allaitantes ou en période de ménopause doivent, pour garder une santé calcique parfaite, en consommer 1 200 mg par jour. De la naissance à l'adolescence, les besoins en calcium évoluent de 300 à 700 mg par jour.

QUELQUES MOTS SUR L'OSTÉOPOROSE

Parmi les nombreuses conséquences d'un déficit en calcium, l'ostéoporose est très certainement celle qui érode le plus gravement le capital santé de ses victimes, en plus d'avaler goulûment les deniers contenus dans les bourses du ministère de la Santé.

Les statistiques sont effarantes. Après 50 ans, une femme sur trois souffrira d'ostéoporose. En outre, il ne faut pas croire que l'ostéoporose, cette fonte, cette déperdition de la masse osseuse, dont une des répercussions est de voir sa taille rapetisser d'une mesure qui peut aller jusqu'à 4 pouces (10 cm), soit une maladie strictement réservée aux femmes; les hommes, bien que dans une moindre mesure, en sont aussi des victimes potentielles. Chez ceux-ci, cependant, il semble bien que cette maladie du squelette n'apparaisse que très rarement avant l'âge de 70 ans et ne frappe qu'un homme sur sept.

Les méfaits de l'ostéoporose vont de la fracture du poignet à celle, redoutable et parfois tragique, du col du fémur en passant par des fractures au niveau de la colonne vertébrale, de l'avant-bras, du bras ou des côtes.

Une alimentation pauvre en produits laitiers semble être une des causes premières de l'ostéoporose (et des autres malaises et maladies imputables à une carence en calcium), mais il y en a d'autres comme les excès de tabac, d'alcool, de thé, de café, de boissons gazeuses, de sel et de sucre; la consommation prolongée de médicaments, notamment ceux à base de cortisone; les diètes à haute teneur en protéines; le stress, le manque d'exercices physiques et la maigreur.

À la lumière de ce qui précède, prenez conscience que le calcium est essentiel à la vie, essentiel au mouvement, à la station assise, couchée ou debout; qu'il est l'élément constitutif du squelette; qu'il est l'élément indispensable pour s'assurer une structure osseuse forte et robuste, pour la rendre, sinon incassable, tout au moins suffisamment résistante pour qu'elle ne se décalcifie pas, qu'elle ne se brise pas avec l'âge, au moindre choc.

OÙ LE TROUVER?

Bien entendu, les principales et meilleures sources de calcium sont, assurément, les laitages, c'est-à-dire le lait ou les aliments et les substances qui en dérivent comme le fromage et le yogourt. Non seulement ils sont riches en calcium, mais, en plus, ils contiennent le calcium qui est le plus parfaitement assimilé par l'organisme, davantage que celui que l'on trouve dans n'importe quel autre aliment.

Pour arriver à satisfaire l'appétit du sang, des cellules, des muscles et des os en calcium, tout le monde devrait boire, AU MOINS, 1 tasse (250 ml) de lait par jour et compléter la quantité requise (selon son âge et son état) par d'autres aliments au choix. Ce qui ne veut pas dire qu'on doive se limiter à 1 tasse (250 ml) de lait: cette tasse représente la quantité minimale qui donnera à l'organisme une dose de calcium parfaitement assimilable.

Les personnes soumises à des régimes végétariens peuvent trouver le calcium nécessaire dans les fruits, le tofu, les noix, les graines, certaines céréales et des légumes verts, en abondance. Le Dr Valnet, auteur du livre *Traitement des maladies par les légumes, les fruits et les céréales*, soutient également ce qui suit: «Une alimentation riche en crudités suffit à maintenir l'équilibre calcique de l'organisme, à condition, toutefois, qu'un ensoleillement suffisant soit ménagé.»

Les personnes dont les besoins en calcium sont de 900 mg par jour devraient consommer chaque jour trois fois 300 mg de calcium, tandis que pour les personnes dont les besoins sont de 1 200 mg, il convient d'absorber quatre fois 300 mg, incluant une portion de fromage.

Pour de nombreux médecins dont le Dr Jean Valnet, l'injection ou l'ingestion de calcium sous forme de suppléments (liquides ou solides, en ampoules ou en comprimés) est un apport négligeable voire tout à fait inutile. Pour ce médecin, le seul calcium pleinement assimilable par l'organisme est le calcium de source alimentaire. *A contrario*, d'autres médecins affirment qu'en certains cas, des suppléments de calcium sont nécessaires, voire indispensables!

SUGGESTIONS

Outre dans le lait et ses produits dérivés, vous trouverez du calcium dans certaines eaux minérales, dans le chocolat, les amandes, la viande et certaines céréales; dans le germe de blé et le tofu; dans de nombreux fruits, notamment l'avocat, la banane, le citron, les dattes, les figues, les fraises, les oranges, les prunes et les raisins; dans plusieurs légumes dont l'artichaut, l'asperge, l'aubergine, la carotte, le chou, le cresson, les épinards, les haricots, l'oignon, l'oseille et le poireau; dans plusieurs épices et aromates dont le basilic, l'estragon, le fenouil, le romarin.

Voici quelques suggestions alimentaires comportant chacune, approximativement, 300 mg de calcium, c'est-à-dire une portion:

- 1 tasse (250 ml) de lait;
- 2 yogourts moyens;
- ± 1½ oz (40 g) de fromage à pâte dure (grana-padano; kéfalotyri; parmesan; pecorino romano);

- entre 3½ oz et 5 oz (entre 100 g et 150 g) de fromage à pâte molle (brie, double-crème, camembert, langres, limburger, livarot, maroilles, munster des vosges, neufchâtel [français], pont-l'évêque, remoudou, etc.);
- 10½ oz (300 g) de fromage blanc (de type Bakers);
- 4 tasses (1 litre) d'eau minérale dure ou «calcique»;
- entre 4 et 6 tasses (entre 1 litre et 1 ½ litre) de jus de fruits;
- entre 4 et 6 tasses (entre 1 litre et 1 ½ litre) d'eau du robinet.

Il faut préciser que le calcium s'assimile en association avec la vitamine D. Pour que le corps puisse produire et synthétiser cette vitamine D nécessaire à l'absorption maximale du calcium, il suffit de passer de 30 à 45 minutes, par jour, en plein air, afin de recevoir l'ensoleillement recommandé. En plus, il faut bouger, faire de l'exercice physique, marcher, faire du vélo, nager, etc., car les os sont une matière vivante qu'il faut traiter avec respect et considération. Après tout, le véritable «bâton de vieillesse» des êtres humains n'est-il pas le squelette?

Par ailleurs, certaines personnes qui surveillent de près leur poids ou leur consommation de matières grasses objecteront que le lait et surtout les fromages sont des aliments gras, riches et engraissants. Sachez que le calcium est présent en quantités égales (ou à très peu de chose près) dans les fromages maigres ou allégés et le lait écrémé. Les boissons lactées, ces «succédanés» de lait, contiennent aussi des quantités de calcium appréciables et généralement, en prime, de bonnes doses de vitamines. Lisez les étiquettes de ces produits pour en apprendre plus, car chacun a ses spécificités.

D'autre part, le calcium entraîne souvent un effet secondaire: la constipation. Pour remédier à ce problème, la majorité des médecins et des thérapeutes, dont Andrew Weil, dans son ouvrage *Huit semaines pour retrouver une bonne santé,* préconisent d'associer la consommation de calcium à celle du magnésium; ce dernier étant laxatif, il permet de rétablir l'équilibre.

Tous les ingrédients des recettes qui suivent contiennent du calcium.

RECETTE: COLLATION SANTÉ OU DÉJEUNER MINUTE

Ingrédients

½ cantaloup
1 tasse (250 ml) de yogourt
1 kiwi tranché
¼ de tasse (60 ml) de suprêmes d'oranges

Préparation

Coupez le cantaloup, jetez les graines et évidez-le en récupérant, dans un petit bol, la pulpe que vous couperez en morceaux. Pelez et tranchez le kiwi, préparez les suprêmes d'oranges (quartiers débarrassés de la membrane qui les recouvre) et ajoutez-les aux morceaux de cantaloup. Enrobez de yogourt. Versez le tout dans la coquille de cantaloup et dégustez.

RECETTE: SALADE CALCIQUE

Ingrédients

1 ½ tasse (375 ml) de feuilles de laitue déchiquetées
½ tasse (125 ml) d'épinards crus, hachés
½ tasse (125 ml) de fromage en cubes
2 c. à soupe (30 ml) de céleri
2 c. à soupe (30 ml) de poivron vert
2 c. à soupe (30 ml) de carotte râpée
2 c. à soupe (30 ml) d'oignon
2 c. à soupe (30 ml) de chou mauve haché
2 c. à soupe (30 ml) de persil haché
jus de ½ citron
1 pincée de basilic
1 pincée d'estragon
sel et poivre
mayonnaise, si désiré

Préparation

Mêlez tous les ingrédients, arrosez de jus de citron, salez et poivrez au goût et liez à la mayonnaise si désiré.

RECETTE: MACÉRATION D'ÉCORCES D'ORANGES ET DE CITRONS

Ingrédients

quelques pelures d'oranges
quelques pelures de citrons
1 bouteille (750 ml) de vin rouge

Préparation

Faites macérer les écorces d'oranges et de citrons dans le vin durant au moins 6 heures. Excellent pour lutter contre la neurasthénie. Tonique et vivifiant, cette préparation vous redonnera des couleurs et de l'entrain à condition, bien sûr, de la consommer avec modération.

RECETTE: LAIT FOUETTÉ AUX BANANES

Ingrédients

2 bananes mûres
un peu de jus de citron
2 tasses (500 ml) de lait
1 petite boule de crème glacée
quelques gouttes d'essence de vanille
1 pincée de cannelle (facultatif)

Préparation

Pelez les bananes et arrosez-les d'un peu de jus de citron pour ne pas qu'elles s'oxydent à l'air. Déposez tous les ingrédients dans le mélangeur et fouettez. Buvez très froid.

CHROME

Le mandat principal, mais non le seul, du chrome consiste à établir et à maintenir un taux correct de cholestérol sanguin.

Le cholestérol est un stérol (c'est-à-dire un acide polycyclique) dont on note la présence dans toutes les cellules du corps. Il est constitué de lipoprotéines, qui sont, en somme, l'amalgame d'une protéine et d'un lipide. Il y a deux types de lipoprotéines (donc de cholestérol) : les mauvaises et les bonnes. Ces appellations sont quelque peu erronées puisque de la cohabitation harmonieuse de ces deux familles de lipoprotéines dépend l'acquisition d'un équilibre du taux de cholestérol sanguin.

En bref, les premières, les responsables du mauvais cholestérol (lipoprotéines de basse densité), d'origine alimentaire, sont les lipoprotéines qui servent de transporteurs aux graisses (lipides) contenues dans le sang, les acheminant dans les différentes cellules du corps afin de les nourrir (et d'assurer leur survie), tandis que celles qui sont à l'origine du bon cholestérol (lipoprotéines de haute densité) récupèrent les excédents de graisses du plasma sanguin pour les acheminer au foie, organe dont la fonction est de les éliminer.

Quand on parle de «faire du cholestérol», cela signifie que les lipoprotéines de haute densité, celles qui contribuent à épurer le sang de sa surcharge lipidique, n'arrivent plus à effectuer leur mission. Les conséquences en sont que les graisses se déposent sur les artères en provoquant, à plus ou moins long terme, leur blocage et des maladies comme l'athérosclérose et des affections cardiovasculaires.

La consommation d'aliments contenant du chrome (dont vous trouverez quelques suggestions dans les pages suivantes) favoriserait l'augmentation du bon cholestérol, car celui-ci stimule le métabolisme des graisses et favorise leur élimination.

En abaissant le taux de cholestérol sanguin, le chrome aide à prévenir l'hypertension artérielle tout en protégeant l'organisme de l'athérosclérose, une affection dégénérative des artères associant les lésions de l'artériosclérose (lésion de la paroi des artères aboutissant à leur durcissement) et celles de l'athérome (dégénérescence graisseuse de la tunique interne des artères).

Un malaise en entraînant un autre, l'athérosclérose est souvent un signe avant-coureur de malaises et de maladies cardiovasculaires ainsi que d'accidents cérébrovasculaires imputables, souvent, au détachement d'un fragment de la masse accumulée dans les artères et produisant, en suivant le cours du flux sanguin, l'obstruction d'une artère menant le sang au cerveau.

En conséquence, il semble bien que le chrome, en réduisant l'accumulation des graisses dans le sang, parvienne à prévenir toute une panoplie d'affections qui résultent généralement, avec le temps, de cette accumulation.

Par ailleurs, le chrome participe au métabolisme du glucose, ce glucide très répandu dans la nature et qui représente la source énergétique essentielle de l'organisme. Les carences en chrome rendent les cellules rebelles et réfractaires à l'action de l'insuline, cette hormone sécrétée par le pancréas et qui a pour mission d'activer l'utilisation du glucose dans l'organisme. Il est à noter que c'est cette fonction pancréatique qui est déficiente chez les personnes qui souffrent de diabète.

A contrario, une dose adéquate de chrome dans l'organisme permet une meilleure synthèse de ce glucose et a pour effet la régulation du taux de sucre dans le sang. Parce qu'il stimule l'insuline en y adhérant, cet oligoélément donne à cette hormone du pancréas un fameux coup de main pour conduire de façon appropriée les glucides de l'organisme à travers le dédale de ses vaisseaux et de ses cellules, lui permettant, par le seul fait de circuler, de se transformer en capital énergie.

LES CAUSES ET LES SYMPTÔMES

De nombreux facteurs peuvent entraîner une déficience en chrome dans l'organisme: le diabète, un taux élevé de cholestérol, une mauvaise circulation sanguine, l'artériosclérose, une grossesse, le vieillissement, une opération, la malnutrition, les situations qui occasionnent du stress, le fait de suivre des diètes et des régimes souvent trop sévères ou inadéquats, les abus d'alcool ou la pratique assidue de sports nécessitant une somme importante d'énergie musculaire.

Les symptômes sont une grande fatigue, une prise de poids importante ou, au contraire, une perte de poids inexplicable, de l'hypoglycémie, du diabète, des rages de faim ou une augmentation du taux de cholestérol sanguin.

OÙ TROUVER LE CHROME?

Les nutritionnistes ne s'entendent pas tous parfaitement quant à l'apport quotidien de chrome recommandé. Selon les thérapeutes, il se situe entre 30 et 250 microgrammes! Il peut se prendre sous forme de suppléments (gélules ou comprimés), mais on peut également le trouver, bien qu'à l'état de traces, dans certains aliments, notamment dans les céréales et les pains complets, le germe et le son de blé; dans les sucres et les farines non raffinés (et, de façon générale, dans les aliments non raffinés parce que le raffinage a la réputation de détruire le chrome qui existe à l'état naturel dans ces denrées); dans le sel, le poivre et le thym; dans la levure de bière, le thé vert; dans le foie et le jaune d'œuf; dans certains fruits et légumes comme la noix de coco et le brocoli, ainsi que dans le vin.

En outre, il faut savoir que plus la consommation de sucreries, de desserts sucrés, de croustilles, de charcuterie et de boissons gazeuses est grande, plus l'action du chrome est sollicitée. Par ailleurs, la consommation d'aliments riches en hydrates de carbone, comme les pâtes alimentaires et les pommes de terre, est préconisée, car ces aliments aident à maintenir le chrome dans l'organisme.

LE PARADOXE FRANÇAIS

Certains d'entre vous ont peut-être déjà entendu parler du désormais célèbre paradoxe français.

Un paradoxe, c'est un fait qui va à l'encontre du simple «bon sens» ou encore une proposition contradictoire, c'est-à-dire qui contient à la fois une affirmation et son contraire.

Le paradoxe français se traduit comme suit: comment se fait-il que les Français, ces consommateurs (souvent excessifs) de graisses et ayant par conséquent un taux de cholestérol très élevé (souvent supérieur à celui des Américains), ne comptent-ils, au triste palmarès des victimes de maladies cardiovasculaires, qu'un très faible taux de décès?

Cette irritante observation, qui allait à l'encontre de la sacro-sainte logique scientifique, provoqua un branle-bas de combat au sein des équipes de chercheurs du monde entier. Analyses, études, réflexions, recherches, expérimentations, enquêtes et discussions en vinrent à la conclusion, après la poursuite de quelques mauvaises pistes, que les Français devaient leur bonne santé cardiovasculaire à leur consommation de vin.

En fait, il semble bien que la consommation régulière, voire quotidienne de vin (de trois à cinq verres par jour) permettrait, grâce, entre autres, à la haute teneur en chrome de cette boisson, de maintenir en santé les artères coronariennes. Brian Weil, dans son livre *Les vertus du raisin pour la santé* aux Éditions Quebecor, rapporte qu'il a été scientifiquement démontré que «les populations occidentales présentent une grave carence en chrome imputable, semblerait-il, à la consommation parfois outrancière de sucre raffiné et qu'un déficit important de chrome dans les tissus cause (ou peut causer) des maladies coronariennes».

En outre, le vin ne contient pas que du chrome, mais aussi de nombreux autres agents, notamment des polyphénols, possédant la propriété de fluidifier le plasma sanguin et de freiner, voire d'empêcher, les dépôts de mauvais cholestérol sur les artères.

RECETTE: BROCOLI À L'AIL ET À L'OIGNON

Tous les ingrédients de cette recette contiennent du chrome ou le maintiennent dans l'organisme.

Ingrédients

2 c. à thé (10 ml) d'huile d'olive
¼ de tasse (60 ml) d'oignons hachés
1 gousse d'ail finement hachée

1 ½ tasse (375 ml) de petits bouquets de brocoli
1 jaune d'œuf
quelques olives dénoyautées et tranchées
2 pincées de thym
sel et poivre au goût
huile d'olive au goût
pâtes alimentaires ou cubes de pommes de terre

Préparation

Dans une poêle, dans l'huile d'olive et à feux très doux, faites revenir les oignons, l'ail et le brocoli. Faites cuire très légèrement. Ajoutez le jaune d'œuf et cuisez 1 minute. Réchauffez les olives tranchées, salez et poivrez au goût. Versez sur des pâtes chaudes ou des cubes de pommes de terre. Arrosez d'un filet d'huile d'olive.

RECETTE: VIN SANTÉ

Ingrédients

4 tasses (1 litre) de vin blanc sec
1 pied de céleri lavé et coupé en morceaux d'environ 1 ½ po (4 cm) de longueur (Vous devez débarrasser le pied de céleri de toutes ses feuilles, sauf les tendres feuilles du cœur.)
2 c. à soupe (30 ml) de miel de fleur
4 gouttes d'huile essentielle de céleri

Préparation

Faites macérer durant 10 jours, filtrez et entreposez dans une bouteille qui ferme hermétiquement. Buvez 1 ou 2 petits verres par jour.

RECETTE: SANGRIA

Une option agréable au verre de vin nature.

Ingrédients

2 bouteilles de vin rouge (2 × 750 ml)
⅓ de tasse (85 ml) de sucre
2 tasses (500 ml) de club soda
½ tasse (125 ml) de schnaps aux pêches
8 gouttes d'angostura **ou** de sirop de grenadine
jus de 1 citron
2 oranges finement tranchées
1 tasse (250 ml) de cerises au marasquin
1 tasse (250 ml) de pommes en dés
2 citrons finement tranchés
1 tasse (250 ml) de raisins verts (sans pépins) coupés en deux
tranches de fraises ou demi-raisins dans des glaçons

Préparation

Mélangez le vin et le sucre dans un grand bol à punch. Faites dissoudre le sucre en remuant. Ajoutez le club soda et tous les autres ingrédients sauf les glaçons et remuez. Versez dans deux pichets et déposez au frigo pour 1 heure. Au moment de servir, ajoutez les glaçons «farcis» et décorez les verres de mini-brochettes de fruits.

COBALT

Le cobalt est un oligoélément essentiel et vital, puisqu'il est une substance indispensable à la production et au renouvellement de globules rouges dans l'organisme. En fait, en collaboration avec le fer et le cuivre, il participe à la formation de l'hémoglobine, cette substance protéique contenue dans les globules rouges du sang et qui renferme du fer.

Le cobalt est un des principaux constituants de la vitamine B_{12}, dans laquelle on le trouve sous forme de cobalamine. Il agit dans le corps humain à travers cette vitamine que l'on trouve essentiellement dans les produits alimentaires d'origine animale tels la viande et les laitages. Cependant, cet oligoélément est aussi présent dans certains fruits et légumes comme les cerises et les haricots verts ainsi que dans des produits à base de soya et dans les algues.

Il semble qu'il soit très difficile d'évaluer avec précision la dose quotidienne requise pour combler les besoins de l'organisme en cobalt (certains auteurs et thérapeutes avancent le chiffre de 3 microgrammes, alors que d'autres affirment que nul ne peut en être sûr); il est donc recommandé de combler les besoins du corps en consommant des aliments riches en vitamine B_{12} ou en prenant des suppléments de cette vitamine. Comme à ce jour aucune carence en cobalt (et non pas en vitamine B_{12}) pouvant mettre en péril la vie de quelqu'un n'a été diagnostiquée chez l'être humain et qu'il ne semble pas y avoir de risque de surconsommation, il vaut donc mieux opter pour la prévention que pour la guérison. L'ostéopathe phytothérapeute Christophe Giacon fait toutefois une mise en garde concernant les personnes souffrant d'eczéma ou d'asthme qui ne sont pas, selon lui, à l'abri d'une réaction allergique aux cobalamines.

Parmi les principales propriétés attribuées au cobalt (outre celle de participer à la formation de l'hémoglobine), on note celle d'exercer une action favorable sur l'appareil circulatoire. Vasodilatateur, vasomoteur, il contribue à rétablir une meilleure circulation sanguine tant au niveau des vaisseaux sanguins du corps que des vaisseaux sanguins du cerveau. Résultat? Il apaise les maux de tête et les migraines (on se sert d'ailleurs de cet oligoélément comme nutriment préventif des crises migraineuses) et il lutte contre les troubles des extrémités des membres, les engourdissements.

Antianémique (avec le fer et la vitamine B_{12} ou en association avec le manganèse et le cuivre), fortifiant du système immunitaire, il est aussi un calmant du système nerveux. En effet, une carence en cobalt se traduit souvent par des angoisses, de l'hypertension artérielle, des palpitations cardiaques, des maux de tête lancinants et tenaces ainsi que des spasmes et des crampes de tous genres.

Le Dr Jean Valnet accorde au cobalt, en outre, la propriété de calmer les douleurs imputables à l'angine de poitrine, à la coronarite, à l'artérite, à la sciatique et aux névrites.

LES ASSOCIATIONS

Le cobalt est un oligoélément qui s'utilise tantôt seul, tantôt en association avec un ou plusieurs autres oligoéléments.

- **Nickel/cobalt**

L'association nickel/cobalt est recommandée aux personnes qui sont aux prises avec de fréquentes difficultés digestives très souvent imputables au stress ou à la fatigue nerveuse. Lourdeurs d'estomac, reflux gastriques, sensations de ballonnement, aérophagie sont autant de problèmes que contribue à résoudre cette combinaison d'oligoéléments.

- **Cuivre/nickel/cobalt**

Surtout reconnue pour combattre les troubles pancréatiques, cette combinaison est également prescrite afin d'aider l'équilibre des glandes endocrines.

- **Manganèse/cobalt**

Le mariage du manganèse et du cobalt est une association favorable à la lutte contre la dystonie qui est une perturbation du tonus musculaire ou nerveux. Les symptômes les plus fréquemment observés chez les personnes souffrant d'un déficit de ces oligoéléments et de cette affection sont un ralentissement de l'activité physique de jour en jour plus important, un manque de force, un état de faiblesse généralement lié au psychique beaucoup plus qu'au physique et frisant la dépression nerveuse. Ces symptômes peuvent être accompagnés d'enflures au niveau des membres inférieurs et de douleurs liées à l'arthrose.

- **Manganèse/cuivre/cobalt**

La prise régulière de ce mélange d'oligoéléments est conseillée aux personnes victimes d'asthénie. L'asthénie est un état dépressif qui se manifeste par un manque de force, une grande faiblesse, imputable essentiellement à des problèmes d'ordre neuropsychique et dont les symptômes physiques sont l'anxiété, les crises d'angoisse, les palpitations, les vertiges, les sautes d'humeur, les troubles du sommeil, une baisse de la libido et une diminution de la vitalité. Il agit également en menant une lutte aux déprimes saisonnières qui se manifestent par un manque de vitalité et d'énergie, par une diminution des défenses du système immunitaire, par de l'anémie et par une vulnérabilité accrue aux infections de tous genres.

En outre, cette association a le mérite d'agir sur l'appareil circulatoire et de contrer les effets pernicieux d'une accumulation de fatigue ayant généralement pour causes le stress et l'excès de travail et pour conséquences une déprime totale, un sentiment de découragement voire d'écœurement total.

De plus, le mélange manganèse/cuivre/cobalt exerce une influence favorable sur les effets secondaires (que, dans une certaine mesure, il contrôle) de la ménopause, notamment la baisse de la libido, l'irritabilité, les fluctuations de l'humeur, etc.

- **Zinc/nickel/cobalt**

En exerçant un contrôle sur le taux de sucre dans le sang, la combinaison zinc/nickel/cobalt constitue un traitement d'appoint souvent recommandé aux personnes suivant un régime amaigrissant. Elle contribue à diminuer les «rages» de faim, ces fringales qui paraissent si souvent insurmontables aux personnes désirant perdre du poids. En outre, elle chasse la fatigue, physique et psychique, généralement inhérente aux diètes strictes.

QUELQUES MOTS SUR LA VITAMINE B_{12}

La dose quotidienne recommandée de vitamine B_{12} est de 2 microgrammes. On trouve cette vitamine essentiellement dans les viandes, les produits laitiers, les fruits de mer, dans certains poissons comme le thon; dans les œufs, la spiruline et le foie.

La vitamine B_{12} joue un rôle très important dans la fabrication des globules rouges; elle ralentit la dégénérescence des tissus et possède des propriétés apéritives; elle exerce aussi ses pouvoirs sur l'équilibre du réseau nerveux, elle favorise le métabolisme du fer, des lipides, des protides et des glucides ainsi que de certains acides, notamment l'acide folique.

Un déficit en vitamine B_{12} peut se traduire de différentes façons selon qu'il est léger ou grave. Il peut occasionner de la fatigue allant de la simple faiblesse, générale mais occasionnelle (provoquant notamment de l'irritabilité, de la nervosité, de l'impatience, des migraines, des difficultés respiratoires mineures, de la tachycardie, des troubles du sommeil), aux états anémiques et asthéniques chroniques (à l'évolution grave et généralement plutôt rapide) et qui, eux, entraînent des complications autrement plus graves, allant des problèmes de langage (se traduisant généralement par des difficultés d'élocution) jusqu'aux troubles mentaux en passant par les affections au niveau des facultés motrices dont la principale est la perte d'équilibre. En outre, un déficit en vitamine B_{12} peut occasionner migraines, crampes et spasmes, hoquet, hémorroïdes et douleurs articulaires.

Comme la vitamine B_{12} et, partant, le cobalt, sont présents principalement dans les aliments d'origine animale, les végétariens purs et durs sont les plus vulnérables en rapport avec ces carences.

Voici quelques recettes à base d'aliments contenant soit du cobalt, soit de la vitamine B_{12}.

RECETTE: FILETS DE TRUITE ANGÉLIQUE AU CITRON

Ingrédients

2 gros filets de truite saumonée
5 ou 6 feuilles d'angélique fraîches ou séchées
½ tasse (125 ml) de jus de citron
2 c. à soupe (30 ml) de beurre
sel et poivre au goût

Préparation

Après avoir enlevé la peau des truites, coupez-les en deux. Dans une poêle, faites fondre le beurre jusqu'à ce qu'il soit doré. Déposez les truites et faites griller à feu vif, des deux côtés. Réduisez le feu et incorporez l'angélique, le sel et le poivre. Couvrez et cuisez environ 6 minutes. Retirez les truites et, à feu moyen, déglacez la poêle avec le jus de citron. Incorporez ensuite le beurre et faites «monter» la sauce à l'aide d'un fouet. Nappez les truites et dégustez.

RECETTE: GARNITURE DE TARTE AUX CERISES

Ingrédients

8 tasses (2 litres) de cerises dénoyautées
2 tasses (500 ml) d'eau
2 tasses (500 ml) de sucre granulé
6 c. à soupe (90 ml) de tapioca à cuisson rapide
½ c. à thé (2 ml) d'essence d'amande

Préparation

Portez à ébullition, et jusqu'à épaississement, les cinq ingrédients. Laissez refroidir avant de mettre dans l'abaisse. Bon pour deux tartes de 9 po (23 cm) chacune.

CUIVRE

Le cuivre, connu depuis fort longtemps et responsable de tant de bienfaits au niveau de l'organisme humain, n'a plus, semble-t-il, à devoir prouver son efficacité. Déjà, il y a fort longtemps, nos aïeux se fabriquaient des bracelets, des colliers et d'autres bijoux en cuivre, qu'ils portaient pour calmer, entre autres, la douleur de leurs articulations. Réputé pour ses vertus anti-inflammatoires et antidouleur, le cuivre, qui possède le pouvoir de réduire la production des radicaux libres (ces intrus qui abolissent le cartilage et qui usent les cellules), est emmagasiné par l'organisme qui l'utilise pour se protéger.

Essentiel au bon développement de l'organisme humain, le cuivre a de nombreuses fonctions qu'il exerce à plusieurs niveaux pour l'obtention et la préservation d'une bonne santé. Il active et stimule d'une façon très favorable la constitution des globules rouges. En outre, la stimulation et l'augmentation des défenses que le cuivre provoque au niveau du système immunitaire font de lui un auxiliaire grandement apprécié dans le traitement de la grippe, du rhume et durant les différentes phases d'une période de convalescence.

Par ailleurs, il participe à la production, à la robustesse et à la santé des tendons, des ligaments, des muscles, des nerfs, des cartilages, des artères et des parois internes des vaisseaux sanguins.

Cet oligoélément est d'une importance cruciale dans le bon fonctionnement de nombreuses synthèses, notamment la synthèse de l'hémoglobine (en facilitant l'absorption du fer par l'organisme) et la synthèse de la myéline, cette substance lipidique et protéique complexe qui forme une sorte de collier autour de certaines fibres nerveuses, et que le cuivre retient et maintient dans le système nerveux. Il y a aussi la synthèse du collagène dans laquelle le cuivre tient un grand rôle en accomplissant une tâche importante au niveau de la formation osseuse du squelette.

De plus, le cuivre entre dans la formation de certains composants de l'organisme, notamment de la mélanine, cette substance responsable de la pigmentation de la peau et des cheveux. Il agit sur elle de façon à transformer la tyrosine (un acide aminé essentiel très répandu dans la nature et qui joue un rôle important dans l'organisme grâce aux composés organiques qui en dérivent, notamment la mélanine et l'adrénaline) en une substance qui en fait un pigment.

Mais ce n'est pas tout. Le cuivre a aussi la propriété de prévenir l'anémie, de combattre l'arthrose, de participer à l'attribution de l'énergie dans l'organisme et de prévenir les allergies en réduisant le développement dc l'histamine (cette amine qui joue un grand rôle dans les manifestations allergiques).

En homéopathie, le cuivre est recommandé pour lutter contre les crampes et les spasmes musculaires, la coqueluche et les convulsions. En médecine chinoise, on le prescrit comme analgésique, comme décongestionnant et comme antidouleur dans le traitement des foulures, des contusions, des fractures, des luxations, des entorses, etc.

L'apport moyen quotidien de cuivre recommandé pour un adulte est de 3 microgrammes. On le trouve dans de nombreux aliments qu'il est nécessaire de consommer quotidiennement afin de maintenir dans le corps un taux adéquat de cuivre. En contiennent les crustacés, les huîtres, le foie, le blé entier, les haricots secs, les olives, les champignons et les légumes verts en général, le soya, la poudre de cari, les algues, la mélasse, les produits contenant du malt, plusieurs fruits dont les prunes et les abricots, les graines, les noix, les châtaignes, le blé entier et les céréales complètes.

Le cuivre est également offert sous forme de remède homéopathique, d'injections ou de comprimés.

Attention! En doses excessives (plus de 5 microgrammes par jour), le cuivre devient toxique. Par ailleurs, il est formellement interdit aux gens souffrant de la maladie de Wilson (accumulation de fer dans le foie) et dans certains cas d'hépatite ou d'autres troubles associés au foie. Les conséquences d'une surdose de cuivre sont l'hypertension, les douleurs arthritiques, l'insomnie, la chute des cheveux, des règles irrégulières et parfois même des dépressions nerveuses.

LES CARENCES

Un déficit en cuivre dans l'organisme peut occasionner des affections chroniques graves comme l'arthrite et l'ostéoporose (et d'autres problèmes osseux), de la faiblesse générale, des maladies cardiovasculaires, une importante diminution de la résistance aux infections, des troubles du sommeil et des maladies de la peau. En plus, du fait que le cuivre agit en interaction avec le fer, une des manifestations d'une carence en cuivre est l'anémie.

Certains maux nécessitent plus que les seuls pouvoirs curatifs du cuivre. À cet égard, je vous présente les combinaisons les plus communes dans lesquelles le cuivre joue son rôle.

LES ASSOCIATIONS

- **Cuivre/manganèse**

Anti-infectieuse et anti-inflammatoire, cette combinaison est d'une grande utilité pour les gens souffrant d'infections des voies respiratoires supérieures, de la gorge ou des bronches. Dans un autre ordre d'idées, cette association est également efficace pour combattre les troubles digestifs et certaines douleurs abdominales. L'association cuivre/manganèse stimule le système immunitaire.

- **Cuivre/zinc**

En tant que stimulant hormonal, ce mélange d'oligoéléments est très efficace pour lutter contre les effets déplaisants et si inconfortables de la ménopause. Il est efficace aussi dans la lutte contre l'énurésie, émission involontaire et inconsciente d'urine, le «pipi» au lit.

- **Cuivre/or/argent**

VOIR «Argent».

- **Cuivre/nickel/cobalt**

VOIR «Cobalt».

RECETTE: HUILE D'OLIVE À L'AIL

Pour massages ou usage culinaire!

Parce que l'ail, l'olive et l'huile d'olive sont des aliments contenant tous les trois du cuivre et possédant, parmi leurs très nombreuses vertus thérapeutiques, le pouvoir de soulager les douleurs arthritiques et rhumatismales en plus d'exercer des effets bénéfiques sur la santé de la peau, je vous propose cette recette d'huile à massage simple à concocter et réputée «magique».

Ingrédients

1 tête d'ail hachée
7 oz (200 g) d'huile d'olive

Préparation

Faites macérer, pendant 3 jours, l'ail dans l'huile d'olive. Filtrez, puis utilisez cette huile «magique» comme huile de massage pour lutter contre les douleurs musculaires, arthritiques ou rhumatismales.

RECETTE: GALETTES AU BLÉ ENTIER ET À LA MÉLASSE

Le blé entier, le germe de blé, les abricots et la mélasse sont quatre aliments riches en cuivre.

Ingrédients

2 tasses (500 ml) de farine de blé entier
2 c. à soupe (30 ml) de germe de blé
1 c. à soupe (15 ml) de poudre à pâte
1 c. à thé (5 ml) de sel
¼ de tasse (60 ml) de graisse végétale
½ tasse (125 ml) d'abricots séchés
2 œufs
½ tasse (125 ml) de lait
2 c. à soupe (30 ml) de mélasse

Préparation

Dans un bol, mêlez la farine, le germe de blé, la poudre à pâte et le sel. Ajoutez la graisse et défaites-la dans les ingrédients secs, à l'aide d'un coupe-pâte jusqu'à obtenir une texture grumeleuse. Ajoutez les abricots finement hachés. Mettez de côté un peu de blanc d'œuf pour badigeonner les galettes et fouettez les œufs en mousse légère. Incorporez le lait et la mélasse. Faites un puits dans les ingrédients secs et versez-y les ingrédients liquides. Mélangez tout juste pour humidifier complètement les ingrédients secs. Abaissez la pâte au rouleau, à l'épaisseur désirée, et découpez à l'emporte-pièce. Badigeonnez de blanc d'œuf, saupoudrez (si désiré) de cassonade et déposez sur une plaque à biscuits non graissée. Cuisez à 450 °F (230 °C) de 12 à 15 minutes.

FER

Bien qu'il soit peu abondant dans l'organisme (entre 2 et 4 grammes, ce qui est bien peu comparativement à d'autres minéraux), on ne ménage pas les superlatifs pour qualifier cet oligoélément. On le dit essentiel, indispensable, capital, bref de la plus haute importance.

Élément constitutif majeur des globules rouges, il est absolument nécessaire à la formation de l'hémoglobine. Les globules rouges sont, entre autres, les véhicules utilisés par les cellules pour le transport de l'oxygène qui servira à les nourrir et à les maintenir en santé. Sans cette circulation sanguine vitale, aucune contraction des muscles (notamment) ne serait possible.

Puisque c'est dans le sang que se concentrent les trois quarts du fer contenu dans l'organisme, il est aisé de comprendre que parmi les groupes les plus à risque de se trouver en déficit de fer, on rencontre les femmes en raison de leurs règles qui leur font perdre plus ou moins de sang selon le caractère spécifique de leur cycle menstruel. En fait, le facteur numéro un de la carence en fer est la perte (à répétition) de sang.

Cependant, les femmes «menstruées» ne sont pas les seules personnes à risque. Les femmes enceintes ou allaitantes, les enfants et les adolescents, les personnes en période de convalescence après une opération et, de façon générale, les personnes souffrant d'infections ou de diarrhées importantes sont toutes des proies vulnérables pour la carence en fer.

Un déficit en fer se traduit généralement par de l'anémie dite par «carence martiale». Sans fer, les molécules d'hémoglobine s'appauvrissent, s'étiolent, s'épuisent et les globules rouges deviennent faibles, déficientes et incapables de remplir leurs mandats. Dès que l'organisme se sent piégé par une carence en fer, il va immédiatement puiser dans ses réserves que l'on nomme «ferritine», mais c'est généralement insuffisant car ces réserves sont plutôt minces. C'est alors que la qualité des globules rouges s'effondre, de façon parfois dramatique, provoquant d'abord une fatigue diffuse, puis une fatigue de plus en plus généralisée caractérisée par un teint pâle, des difficultés à digérer, des frissons et des vertiges, de la nervosité, des ongles mous, des cheveux ternes et cassants, de la faiblesse, un manque d'énergie et de dynamisme. Puis, peu à peu, ces symptômes, somme toute assez communs dans la société actuelle qui stresse tellement les individus qu'elle en fait des bombes à retardement, ces symptômes relativement bénins donc, se métamorphosent en manifestations plus importantes et plus graves comme l'anémie, l'asthénie, des migraines violentes et aiguës et de terribles douleurs musculaires et articulaires.

La dose de fer quotidienne recommandée se situe, selon l'âge et le sexe, entre 10 mg et 18 mg. De nombreux aliments sont riches en fer. Il suffit de les intégrer aux menus du jour. Cependant, le fer contenu dans ces aliments n'est pas, dans son intégralité, assimilable par l'organisme. Afin d'être certain de consommer en quantité convenable un fer qui sera bien absorbé par l'organisme, assurez-vous de manger une variété d'aliments contenant cet oligoélément, les meilleures sources étant les viandes, les fruits de mer, le boudin et le poisson. Sont également d'excellentes sources de fer les laitages, les œufs (les jaunes), l'ortie, le thé, le vin rouge; de très nombreux légumes, notamment l'ail, l'asperge, l'artichaut, la betterave, le brocoli, la carotte, le céleri, la famille des choux, le cresson, l'épinard, le navet, l'oignon, l'olive, le poireau, la tomate; de très nombreux fruits comme l'abricot, l'avocat, la figue, l'orange et le raisin, ainsi que de nombreux aromates: cannelle, coriandre, girofle, estragon, fenouil, origan, persil, romarin et thym, pour ne nommer que ceux-là.

Par ailleurs, Louis Turgeon, dans son ouvrage *Encyclopédie pratique des aliments et recettes pour triompher de 110 troubles de santé* (Éditions Virage), met en garde contre un excès de fer en affirmant que cela peut «congestionner le cerveau et affaiblir les sens».

LE VIN ANTIANÉMIQUE

Le vin rouge est remarquablement efficace pour lutter contre l'anémie, car il contient beaucoup de fer. Un verre de vin rouge par repas est une dose quotidienne suffisante pour lutter efficacement contre cette pauvreté du sang qu'est l'anémie. En outre, en raison de sa teneur en fer, le vin est aussi efficace pour soulager les douleurs liées aux règles.

L'ORTIE

L'ortie est une plante nutritive dont la teneur en fer est grande. Pour bénéficier de ses vertus, consommez 3 ou 4 infusions par jour ou alors buvez son jus thérapeutique très efficace à plusieurs niveaux.

Les jeunes pousses s'apprêtent comme les épinards. Finement hachée, on peut incorporer l'ortie dans les potages, les ragoûts, les soupes ou encore la servir avec d'autres légumes pour accompagner un plat de viande ou de volaille.

LE PERSIL

Grâce à sa haute teneur en fer, le persil stimule le tonus et l'énergie; il est donc apte à lutter contre l'anémie. En tant que tonique général, il est recommandé aux enfants souffrant de problèmes de croissance.

Comme tonique et stimulant, buvez 3 tasses (750 ml) de tisane au persil par jour à raison de 1 c. à thé (5 ml) de persil séché ou 2 c. à soupe (30 ml) de persil frais pour 1 tasse (250 ml) d'eau bouillante.

RECETTE: ÉPINARDS AU RICOTTA

Ingrédients

1 c. à soupe (15 ml) de beurre
8 tasses (2 litres) d'épinards, lavés et mesurés tassés

1 oignon finement haché
1 c. à soupe (15 ml) d'origan frais haché
1 c. à soupe (15 ml) de persil frais haché
1 c. à thé (5 ml) d'ail haché
sel et poivre
1 tasse (250 ml) de vin blanc, fruité, doux
¼ de tasse (60 ml) de crème 35 %
2 tasses (500 ml) de ricotta

Préparation

Dans une casserole, faites fondre le beurre à feu doux. Ajoutez les épinards, l'oignon, l'origan, le persil, l'ail, du sel et du poivre. Faites cuire une dizaine de minutes. Égouttez et mettez de côté. Remettez la casserole sur le feu et faites-y réduire de moitié le vin blanc et la crème. Ajoutez le ricotta, incorporez les épinards et faites réduire de nouveau jusqu'à ce qu'il ne reste qu'un minimum de liquide.

Servez comme légumes d'accompagnement à des grillades, à du poisson ou à des filets de poitrine de poulet ou encore utilisez ce mélange pour faire des crêpes farcies, roulées et gratinées avec une sauce béchamel (voir la recette à la page 73) recouverte de fromage mozzarella.

RECETTE: CÔTES DE BŒUF AU FROMAGE

Ingrédients

4 côtes de bœuf (genre *rib steak*)
2 pincées de thym

2 échalotes émincées
1 oignon moyen finement haché
2 tasses (500 ml) de vin rouge
1 boîte de sauce à bifteck
quelques gouttes de tabasco
quelques gouttes de sauce Worcestershire
sel et poivre
4 œufs
¼ de tasse (60 ml) de beurre
8 tranches d'un fromage demi-ferme de votre goût (genre Monterey Jack)

Préparation

Dans une poêle, avec une noix de beurre, faites griller les côtes de bœuf en les parsemant de thym, de sel et de poivre. Retirez de la poêle et gardez au chaud dans un plat allant au four. Jetez le surplus de gras de la poêle, rajoutez une noix de beurre et faites revenir les échalotes. Déglacez au vin rouge et laissez réduire. Ajoutez la sauce à bifteck et remuez bien. Passez au tamis (ou à la passoire) et gardez au chaud.

Dans une noix de beurre, versez quelques gouttes de tabasco et quelques gouttes de sauce Worcestershire, et brouillez vos œufs.

Répartissez la sauce sur les biftecks, déposez sur chacun une tranche de fromage, répartissez ensuite les œufs brouillés, recouvrez d'une autre tranche de fromage et mettez le tout au four à 350 °F (180 °C), juste assez de temps pour que le fromage fonde.

FLUOR

Luxations, foulures, entorses, ligaments étirés, déboîtements à répétition, caries dentaires sont autant de manifestations d'un corps en déficit de fluor.

Oligoélément indispensable à la formation du squelette et des dents (y inclus son émail), le fluor travaille de concert avec le calcium et le magnésium dans l'établissement d'échanges harmonieux et équilibrés ayant pour but une santé osseuse optimale.

Les traitements au fluor sont particulièrement importants chez les jeunes enfants, car ils servent à renforcer et à durcir l'émail des dents tout en reminéralisant celles-ci ainsi qu'à retarder la formation de la plaque dentaire. Ceci dit, tous les traitements ne remplaceront jamais d'assidus brossages de dents et une saine alimentation.

En outre, bien sûr, en raison de sa collaboration avec le calcium dans l'élaboration d'un système osseux fort et résistant, le fluor joue un rôle non négligeable dans la prévention de l'ostéoporose.

OÙ LE TROUVER?

Il est essentiel que l'organisme ne manque jamais de fluor, car les conséquences d'une carence de cet oligoélément pourraient être graves. Bien que les sources alimentaires soient plutôt limitées, elles sont quand même suffisamment variées pour que chacun y trouve son milligramme quotidien nécessaire.

Les aliments suivants contiennent du fluor: les tomates, le cresson, le chou-fleur, le pissenlit, le chou vert, les épinards, les endives, le sel de table, l'eau, le thé, le café, le vin de Bordeaux, les cerises, les algues, les céréales germées et les poissons, particulièrement les fruits de mer.

RECETTE: SOUPE AUX LÉGUMES ET AUX ALGUES

Les algues sont des aliments extrêmement riches en minéraux, notamment en fluor.

Ingrédients

4 tasses (1 litre) d'eau froide
3 c. à soupe (45 ml) de concentré de poulet ou de poisson
sel de mer au goût
poivre au goût
1 pincée de thym
½ c. à thé (2 ml) d'origan
2 c. à soupe (30 ml) de persil haché
3 poireaux finement hachés
3 carottes coupées en petits cubes
3 pommes de terre moyennes coupées en petits cubes

1 oignon finement haché
1 ou 2 gousses d'ail (au goût) finement hachées
1 bonne poignée d'algues grossièrement hachées

Préparation

Déposez tous les ingrédients dans l'eau froide, sauf les algues. Portez à ébullition, réduisez le feu aussitôt et laissez mijoter jusqu'à ce que les légumes soient de la cuisson désirée. Quelques minutes avant la fin de la cuisson, ajoutez les algues.

RECETTE: SALADE COMPOSÉE (très riche en fluor)

Ingrédients

1 tasse (250 ml) de chou vert finement émincé
1 tasse (250 ml) d'épinards crus finement hachés
1 tasse (250 ml) de feuilles hachées de jeunes pissenlits
1 tasse (250 ml) d'algues grossièrement hachées
½ échalote française finement hachée
sel de mer et poivre au goût
vinaigrette au goût
bouquets de persil

Préparation

Mêlez bien le chou, les épinards, les feuilles de pissenlits, les algues et les échalotes. Arrosez de la vinaigrette de votre choix. Salez et poivrez au goût. Réfrigérez

1 heure avant de servir. Décorez de petits bouquets de persil.

LE THÉ

Le thé contient de nombreux minéraux, et notamment du fluor.

De façon générale, pour bénéficier de ses vertus thérapeutiques, il faut en consommer 4 tasses (1 litre) par jour. Il est à noter qu'il est préférable d'ajouter à votre thé un nuage de lait, car le lait neutralise l'action néfaste des tanins contenus dans cette plante, qui contribuent à ralentir et à réduire l'absorption du fer par l'organisme. En d'autres mots, pour être en meilleure santé, si vous consommez des aliments contenant du fer et que vous terminiez votre repas avec un thé sans lait, votre organisme ne pourra pas absorber la totalité de ce fer, car une partie sera annihilée par les tanins du thé.

RECETTE: THÉ GERRY

Ingrédients

2 tasses (500 ml) d'eau
5 clous de girofle
7 grains de poivre
½ c. à thé (2 ml) de muscade
1 c. à thé (5 ml) de zeste de citron
1 sachet de thé
2 c. à thé (10 ml) de sucre de cannelle
1 nuage de lait

Préparation

Portez à ébullition l'eau additionnée de girofle, de poivre, de muscade et de zeste de citron. Retirez du feu et passez au tamis ou dans un filtre à café. Déposez le sachet de thé dans une tasse et recouvrez de l'eau aromatisée. Laissez infuser, ajoutez un nuage de lait et sucrez au goût. Buvez chaud.

IODE

C'est incontestablement au niveau de la glande thyroïde que l'iode exerce son action. Sans lui, le bon fonctionnement de cette glande serait mis en péril. En fait, l'iode est un oligoélément essentiel, une constituante indispensable aux hormones fabriquées par la glande thyroïde (particulièrement la thyroxine) et dont dépendent un tas de fonctions essentielles, notamment la production énergétique, les fonctions cardiovasculaires, la circulation sanguine, le développement et le rendement accru des fonctions intellectuelles et cérébrales, une capacité respiratoire améliorée, des muscles en santé, une libido équilibrée. En bref, l'iode, en agissant sur les hormones thyroïdiennes, exerce son action sur un très grand nombre de fonctions essentielles du corps humain.

En médecine homéopathique, c'est avec l'iode qu'on soigne l'hyperthyroïdie, les rhumatismes et certains problèmes liés au pancréas.

Par ailleurs, un déficit en iode risque de provoquer une hypothyroïdie (insuffisance de la sécrétion de la glande thyroïde) ou le goitre (une déformation de la partie antérieure du cou résultant d'une augmentation du volume de la glande thyroïde) et de mener les sujets qui en sont victimes sur une route parsemée de fort nombreuses affections et maladies, allant de la simple irritabilité à la complète léthargie, en passant par la tiédeur sexuelle, la tachycardie, divers stades de nervosité et de nombreux autres malaises et maladies.

La dose quotidienne recommandée est de 0,15 mg. Bien que les poissons, les fruits de mer et les algues soient sans doute les aliments ayant la plus haute teneur en iode, on trouve également cet oligoélément, à l'état de traces parfois, dans le lait, le pain, le sel iodé, les carottes, les navets, les champignons, les légumes verts, notamment le cresson et les épinards, les poireaux, les radis, les oignons; les pruneaux, les ananas, les mûres, les poires, les raisins et les groseilles.

RECETTE: MUFFINS À LA GASPÉSIENNE

La crevette est un aliment riche en iode.

Ingrédients

- 2 tasses (500 ml) de farine
- 3 c. à thé (15 ml) de poudre à pâte
- ½ c. à thé (2,5 ml) de sel iodé
- ½ c. à thé (2,5 ml) de base de poisson en poudre
- ½ c. à thé (2,5 ml) de cerfeuil
- 1 œuf
- 1 tasse (250 ml) de lait 3,25 %
- ¼ de tasse (60 ml) d'huile d'olive
- 1 tasse (250 ml) de crevettes de Matane finement hachées

Préparation

Dans un bol, mêlez la farine, la poudre à pâte, le sel iodé, la base de poisson et le cerfeuil. Dans un autre bol, battez ensemble l'œuf, le lait et l'huile d'olive. Faites un puits au centre des ingrédients secs et versez-y les ingrédients liquides. Mêlez jusqu'à homogénéité. Incorporez les crevettes. Mélangez de nouveau. Versez aux ¾ dans des moules à muffins et enfournez. Cuisez à 400 °F (205 °C) de 20 à 25 minutes. Cette recette donne 12 muffins.

RECETTE: SALADE DE CRESSON ET DE FROMAGE

Ingrédients

2 bottes de cresson
½ tasse (125 ml) d'huile d'olive
¼ de tasse (60 ml) de vinaigre de vin rouge
sel et poivre au goût
1 c. à thé (5 ml) de jus de citron

Préparation

Dans un bol, mêlez le vinaigre, le sel, le poivre et le jus de citron. Fouettez en incorporant l'huile tout doucement. Lavez le cresson, coupez les tiges du pied, déposez dans un bol à salade et arrosez de vinaigrette. Servez cette salade avec du fromage brie, camembert, oka, gouda, bleu danois ou avec un autre fromage de type cheddar fort.

RECETTE: GRATIN DE FRUITS DE MER

Les fruits de mer, les oignons, les algues, les champignons, le lait, le sel iodé et le vin blanc contiennent tous de l'iode.

Ingrédients

½ tasse (125 ml) de bouquets de chou-fleur
½ tasse (125 ml) de bouquets de brocoli
1 tasse (250 ml) de pétoncles
1 échalote verte
3 c. à soupe (45 ml) de vin blanc
1 c. à soupe (15 ml) d'huile
1 c. à soupe (15 ml) de beurre
1 tasse (250 ml) de crevettes crues, décortiquées
1 oignon moyen finement haché
1 ou 2 gousses d'ail au goût
1 tasse (250 ml) de chair de crabe
1 tasse (250 ml) de chair de homard
2 c. à soupe (30 ml) de beurre
2 tasses (500 ml) de champignons
1 tasse (250 ml) d'algues grossièrement hachées
2 tasses (500 ml) de sauce béchamel (voir la recette à la page suivante)
2 tasses (500 ml) d'un mélange de cheddar fort, de fromage gruyère et de mozzarella

Préparation

Dans un petit chaudron, dans de l'eau salée (au sel iodé), faites cuire *al dente* les bouquets de chou-fleur et de brocoli.

Dans une poêle, faites pocher les pétoncles, avec l'échalote, dans le vin blanc jusqu'à ce qu'ils soient bien cuits (environ 5 minutes). Versez dans un autre bol et mettez de côté.

Dans la même poêle, faites fondre le beurre, ajoutez l'huile et faites-y revenir les crevettes, à feu vif, environ 1 minute. Réduisez le feu, ajoutez l'oignon, l'ail, les pétoncles cuits, la chair de crabe et la chair de homard. Laissez cuire quelques minutes à feu doux. Versez dans un plat allant au four.

Dans la même poêle, faites fondre les 2 c. à soupe (30 ml) de beurre jusqu'à ce qu'il soit très chaud et faites-y sauter les champignons et les algues. Parsemez sur les fruits de mer. Recouvrez de béchamel au vin blanc, saupoudrez des trois fromages et passez au four environ 20 minutes, puis sous «broil» pour gratiner à point.

RECETTE: SAUCE BÉCHAMEL pour 2 tasses (500 ml)

Ingrédients

1 oignon moyen haché
5 c. à soupe (75 ml) de beurre ou de margarine
5 c. à soupe (75 ml) de farine
1 ½ tasse (375 ml) de lait
½ tasse (125 ml) de vin blanc
1 pincée de muscade
sel iodé et poivre au goût

Préparation

Dans un chaudron, faites fondre le beurre à feu moyen et faites-y revenir l'oignon jusqu'à ce qu'il soit transparent. Ajoutez la farine et mélangez. Réduisez le feu. Ajoutez le lait, le vin, la muscade, le sel et le poivre. Cuisez sans jamais cesser de brasser jusqu'à ce que la sauce atteigne le point d'ébullition. Retirez du feu sans laisser bouillir. Cette béchamel est excellente dans les gratins de poisson, de fruits de mer ou de légumes.

LITHIUM

Le lithium est cet oligoélément qui, lorsqu'il est carentiel, provoque chez l'individu un déséquilibre de l'humeur, des troubles nerveux, de l'anxiété et des troubles du sommeil. Ce déséquilibre de l'humeur se manifeste généralement par le passage, souvent sans transition ni raison, du bonheur absolu et de la bonne humeur contagieuse à la déprime la plus noire. On appelle cette affection «maniacodépression» ou «désordre bipolaire».

Grandement utilisé en psychiatrie, le lithium aide à vaincre également certaines dépressions et certaines formes de schizophrénie. Il est notamment indiqué dans le traitement des troubles tels que l'anxiété, l'irritabilité, l'insomnie, l'agressivité, la nervosité, l'hyperémotivité ainsi que dans le traitement de toute une panoplie de difficultés psychiques ou psychosomatiques, tant chez l'adulte que chez l'enfant.

Le lithium est un tranquillisant mineur, un anxiolytique par opposition aux tranquillisants majeurs dont font partie les antipsychotiques.

Grâce au lithium, plusieurs patients souffrant de problèmes psychiques plus ou moins importants, mais toujours très dérangeants, ont évité d'avoir à subir certains traitements traditionnels radicaux comme les électrochocs ou l'absorption de narcotiques.

Pour ce qui est de l'automédication du lithium, seuls les sels à base de lithium sont offerts sur le marché et autorisés. La maniacodépression se soigne en clinique et seul un bilan médical complet et fait par un professionnel de la santé peut attester qu'une personne en est véritablement victime. Les doses requises par l'organisme sont alors prescrites, de façon personnelle et individuelle et, généralement, les symptômes inhérents à ce déficit (angoisse, dépression, insomnie, anxiété, sautes d'humeur, etc.) disparaissent et l'individu retrouve son équilibre.

Il n'est nulle part mentionné que des aliments contiennent suffisamment de lithium pour mériter qu'on en parle.

MAGNÉSIUM

Le magnésium est un oligoélément qui possède un nombre effarant de fonctions et qui, par conséquent, s'avère d'une importance majeure pour l'acquisition et le maintien d'une bonne santé.

Le fait qu'il intervienne dans des centaines de réactions biologiques et chimiques, par exemple dans la régulation de la température du corps, la croissance, la décontraction musculaire, le système immunitaire, la régulation du rythme cardiaque et le maintien d'un bon équilibre du système nerveux, fait de lui un élément essentiel au bon fonctionnement de l'organisme qui, sans sa présence, risque de se retrouver dans un bien piètre état.

Un de ses plus grands rôles est assurément sa contribution à la constitution de tous les os du squelette où se situe justement près de 50 % de tout le magnésium se trouvant dans le corps. En outre, le magnésium permet au calcium de pénétrer les os, augmentant ainsi leur faculté d'accroître leur force, leur solidité et leur résistance. Cet oligoélément exerce également son action bénéfique sur l'émail des dents en augmentant sa résistance. Bien entendu, ses bienfaits dans la lutte contre l'ostéoporose ne sont plus à démontrer.

Son infinie compétence à lutter contre le stress donne des résultats tout à fait heureux au niveau du système nerveux sur lequel il agit, entre autres, en décontractant les muscles tendus, en régularisant l'équilibre nerveux et en protégeant le corps au cours de chocs émotionnels, particulièrement lorsque ceux-ci surviennent chez des individus éprouvant des difficultés cardiovasculaires.

La consommation de magnésium est recommandée pour lutter contre les troubles du sommeil, particulièrement l'insomnie, ainsi que durant les périodes de stress imputables au trac. Élément de première classe dans la fabrication de l'énergie cellulaire, il est un atout précieux et de grande qualité pour les gens souffrant de fatigue (passagère ou chronique), car cette dernière, lorsqu'elle atteint un niveau trop élevé, requiert des doses supplémentaires de magnésium que le corps n'est pas toujours en mesure de fournir.

Le magnésium possède également des propriétés anti-inflammatoires et antiallergiques. De plus, il participe énergiquement à la production des anticorps nécessaires pour contrer les infections de tous genres.

Le magnésium est un oligoélément dont la présence est cruciale pour le bon fonctionnement de l'organisme dans ses diverses structures. Outre ce qui a déjà été mentionné, le magnésium intervient aux niveaux de l'appareil digestif, de l'appareil respiratoire, de l'appareil cardiovasculaire, de la circulation sanguine, du système neuromusculaire, des fonctions hépatiques et rénales, des glandes endocrines, des articulations et du maintien d'une bonne vision en stoppant l'usure de la rétine.

Le magnésium lutte également contre la maladie de Raynaud, l'hypertension artérielle (il ramène la pression sanguine à la normale), l'hyperglycémie et contre différents types d'angor, ces affections qui se caractérisent par une douleur brutale et angoissante comme l'angine de poitrine. Antistress et apaisant, il aide à surmonter la dépression post-partum, soulage les migraines en rétablissant un équilibre dans la production des hormones du cerveau, élabore, en une forme active, la vitamine D (essentielle à l'organisme), calme, atténue et soulage les spasmes et les crampes et est excellent pour lutter contre le vieillissement.

Oui, les fonctions du magnésium sont innombrables et chacune d'elles est indispensable au maintien d'une bonne santé. Une carence en magnésium peut s'avérer très grave à plusieurs niveaux. Certes, la malnutrition peut être une cause de déficit en magnésium, mais elle n'est pas la seule. L'utilisation de digitaline ou de médicaments contre l'asthme, le café, l'alcool, le stress, les fluctuations de température (chaleur ou froid intense) sont autant d'éléments et de facteurs de la vie quotidienne, pas toujours contrôlables, qui nécessitent une participation accrue du magnésium.

Parce que le magnésium possède de vastes champs d'action, il devient presque impossible de dresser une liste exhaustive de tous les malaises et de toutes les maladies que peut occasionner son déficit dans l'organisme. Voici quand même la liste des affections les plus courantes constatées chez les personnes carencées:

- anxiété, angoisse, confusion, irritabilité, nervosité, palpitations, tachycardie, tremblements, céphalées et migraines, diarrhée, insomnie, nausées, fatigue, dépression;
- perte d'appétit, troubles de la croissance, perte d'équilibre, problèmes de coordination, faiblesse physique et musculaire se traduisant par des crampes, des spasmes, de la tétanie;
- troubles au niveau de nombreux organes.

Une alimentation équilibrée en magnésium est donc de la plus haute importance afin de maintenir en tout temps un taux tout au moins acceptable, sinon parfait, de cet oligoélément dans l'organisme. La dose quotidienne recommandée est de 6 mg par kilo de poids corporel. Les gens qui éprouvent des difficultés d'assimilation des aliments contenant du magnésium, ceux qui ont une alimentation qui laisse à désirer, ceux, également, qui vivent des situations où une plus grande quantité de magnésium est requise à cause de la demande accrue de l'organisme peuvent trouver cet oligoélément sous forme de suppléments en comprimés. Toutefois, une mise en garde s'impose en ce qui concerne les personnes souffrant d'affections rénales et pour celles qui sont victimes de malaises cardiovasculaires: elles doivent consulter un médecin avant de prendre des suppléments.

OÙ LE TROUVER?

On trouve du magnésium dans une foule d'aliments dont voici une énumération abrégée: viandes, volaille, poissons et fruits de mer; chocolat, germes de blé, céréales et pains complets, riz brun, légumineuses, amandes, noix et noisettes, fromage gruyère; banane, cerise, kiwi, orange, prune et la plupart des fruits dont l'avocat et l'olive; dans la plupart des légumes, notamment dans la betterave, le brocoli, la carotte, le concombre, l'épinard, l'oignon et la tomate.

LES ASSOCIATIONS

- **Magnésium/potassium**

Il est extrêmement important, pour le maintien d'un excellent état de santé, de maintenir un bon équilibre entre ces deux minéraux qui ont de nombreuses relations d'interdépendance. Cette combinaison est généralement recommandée aux personnes souffrant d'une grande fatigue et se sentant incapables, même par une alimentation équilibrée et soignée, d'en venir à bout.

RECETTE: SALADE DE POULET À L'ORANGE

Ingrédients

2 ½ tasses (625 ml) de poulet (ou de dinde) coupé en morceaux

1 boîte de 10 oz (284 ml) de mandarines égouttées **ou** 4 oranges pelées et coupées en demi-quartiers

½ tasse (125 ml) d'olives noires égouttées et tranchées
1 oignon rouge tranché mince
¼ de c. à thé (1 ml) de romarin
sel et poivre au goût
¼ de tasse (60 ml) de vinaigrette faite avec du jus de citron (et non pas avec du vinaigre)
feuilles de laitue
¼ de tasse (60 ml) d'amandes effilées grillées

Préparation

Mélangez le poulet, les oranges (ou les mandarines), les olives, l'oignon, le romarin, le sel et le poivre. Réfrigérez au moins 1 heure. Au moment de servir, ajoutez la vinaigrette. Sur un nid de feuilles de laitue, disposez la salade et parsemez d'amandes grillées.

RECETTE: FONDUE PARMESAN AU GRUYÈRE

Ingrédients

¼ de tasse (60 ml) de beurre
6 c. à soupe (90 ml) de farine
1 ½ tasse (375 ml) de lait
2 œufs battus
1 tasse (250 ml) de fromage parmesan ou romano
1 tasse (250 ml) de fromage gruyère râpé
¼ de c. à thé (1 ml) de sel
1 pincée de poivre
1 pincée de muscade
2 blancs d'œufs
1 c. à thé (5 ml) d'eau

1 c. à thé (5 ml) d'huile végétale
½ tasse (125 ml) de farine
1 tasse (250 ml) de chapelure

Préparation

La veille (ou alors au moins 8 heures avant), préparez la fondue. Faites fondre le beurre dans une casserole, à feu moyen. Ajoutez la farine et cuisez en remuant, pendant 1 minute. Ajoutez le lait; amenez à ébullition en remuant constamment. Cuisez jusqu'à ce que la préparation soit très épaisse. Ajoutez un peu de préparation chaude aux jaunes d'œufs battus; versez dans la casserole et mélangez bien. Cuisez en remuant pendant 2 minutes de plus. Retirez du feu, ajoutez le fromage et les assaisonnements; brassez jusqu'à ce que le fromage soit fondu et que la sauce soit lisse. Étendez ce mélange dans un moule carré (8 po ou 20 cm) graissé. Couvrez de papier d'aluminium et réfrigérez jusqu'au lendemain. Taillez la préparation en 36 carrés (ou moins selon vos préférences). Battez légèrement les blancs d'œufs avec l'eau et l'huile. Enfarinez les morceaux et secouez pour enlever l'excédent de farine. Enrobez de blanc d'œuf et ensuite de chapelure. Faites frire en grande friture, 4 ou 5 morceaux à la fois, jusqu'à ce qu'ils soient bien dorés. Égouttez sur du papier absorbant et servez chaud. Se congèle très bien.

RECETTE: GRATIN DE FRUITS DE MER

Voir la recette de gratin de fruits de mer (sous «Iode»): Remplacez le mélange de 3 fromages par 2 tasses (500 ml) de fromage gruyère, et les algues par des épinards hachés.

MANGANÈSE

Stimulateur enzymatique et antiallergique puissant, le manganèse est également un oligoélément impliqué dans de nombreuses autres fonctions, notamment au niveau cérébral. Il participe, en outre, activement au maintien d'une bonne santé osseuse, à la production d'énergie et à l'absorption des protéines par l'intestin.

Sur le plan hormonal, sa présence est très importante, en particulier sur le plan sexuel où son rôle est d'intensifier la fertilité tout en réduisant les risques d'impuissance; de plus, il accroît la production de lait maternel. Il est important de souligner que, sans lui, la reproduction humaine serait tout à fait impossible.

Le manganèse est à la fois un matériau nécessaire à la construction d'un bon squelette et est un préservatif d'une grande importance pour celui-ci. Lors de la croissance, l'organisme a un immense besoin de cet oligoélément pour la constitution de son cartilage et de ses os. Le manganèse entre également dans l'élaboration des molécules qui fabriquent les tissus de tout l'organisme comme le tissu conjonctif et ceux qui servent à relier les os ensemble. Sa participation dans les fonctions telles la digestion, la coagulation sanguine, la lutte contre la migraine, la régulation du taux de sucre dans le sang, la dépollution de l'organisme ainsi que son intervention dans les cas d'asthme, de maux de gorge, d'arthrite, d'infection des bronches et des sinus, sa participation dans les combats contre les réactions allergiques et ceux visant à contrer l'usure des cellules sont autant de bienfaits qui rendent cet oligoélément indispensable à une bonne santé.

Les carences en magnésium se manifestent par divers malaises et diverses affections comme la perte de mémoire, les palpitations cardiaques, les allergies multiples, la diminution de la tolérance au glucose, le bourdonnement irritant des oreilles, etc. Cependant, il ne faut pas abuser de cet oligoélément car d'en prendre trop peut occasionner des malaises de divers ordres, notamment des tremblements et une lenteur dans les mouvements.

La dose de manganèse quotidienne recommandée est de 4 mg et on peut le trouver dans les céréales et les pains complets, les noix et les amandes, les fruits de mer et les crustacés, le foie, le soya, la poudre de cacao; dans de nombreux légumes comme l'ail, l'asperge, l'artichaut, la betterave, le céleri, les épinards, la laitue, le pissenlit, la tomate; dans de nombreux fruits comme l'ananas, la banane, la framboise ainsi que dans certains aromates comme l'aubépine et le persil.

LES ASSOCIATIONS

- **Manganèse/calcium**

Cette combinaison permet d'atténuer les douleurs du cycle menstruel.

- **Manganèse/cobalt**

VOIR «Cobalt».

- **Manganèse/cuivre**

VOIR «Cuivre».

- **Manganèse/cuivre/cobalt**

VOIR «Cobalt».

RECETTE: SALADE DE PISSENLITS

Ingrédients

3 tasses (750 ml) de feuilles de jeunes pissenlits
1 échalote hachée
2 c. à soupe (30 ml) d'olives noires dénoyautées et tranchées
¼ de tasse (60 ml) de vinaigre de vin rouge
½ tasse (125 ml) d'huile d'olive
1 gousse d'ail
sel et poivre au goût

Préparation

Mélangez l'huile, le vinaigre, l'ail, l'échalote, le sel et le poivre. Versez la vinaigrette sur les feuilles de pissenlits préalablement lavées et asséchées.

RECETTE: SALADE COMPOSÉE

Vous pouvez incorporer de nombreux ingrédients contenant du manganèse à une salade composée. Tous les aliments suivants, sauf peut-être la vinaigrette ou la mayonnaise que vous choisirez d'utiliser, contiennent de cet oligoélément.

Ingrédients de base

Sur un lit de verdure: mélange de laitue iceberg, romaine ou Boston, feuille d'endives, d'épinards, de pissenlits, de radicchio;
Sur des pâtes alimentaires genre fusili ou macaroni;
Sur du riz blanc, cuit et refroidi (pas du riz minute).

Légumes pour garnir

Céleri, dés de tomates, asperges, cœurs de palmier, cœurs d'artichaut;
Aromates et condiments;
Ail, persil.

Pour les gros appétits

Crustacés variés;
Œufs cuits durs (le jaune seulement).

Pour enrober

Choisissez la vinaigrette ou la mayonnaise de votre choix ou, tout simplement, arrosez de jus de citron et d'un filet d'huile d'olive afin de mieux savourer encore la saveur de tous ces aliments.

RECETTE: MUFFINS AUX BANANES, AUX CAROTTES ET AU CACAO

Ingrédients

1 ½ tasse (375 ml) de farine tout usage
½ tasse (125 ml) de farine de blé
3 c. à soupe (45 ml) de germe de blé
3 c. à thé (15 ml) de poudre à pâte
½ c. à thé (2 ml) de sel
1 c. à soupe (15 ml) de poudre de cacao
½ c. à thé (2 ml) de cannelle
½ tasse (125 ml) de noix hachées
1 œuf
1 tasse (250 ml) de sucre
½ tasse (125 ml) de lait
¼ de tasse (60 ml) d'huile
1 ½ tasse (375 ml) de carottes râpées
1 tasse (250 ml) de bananes mûres écrasées

Préparation

Dans un bol, mêlez les farines, le germe de blé, la poudre à pâte, le sel, le cacao, la cannelle et les noix. Dans un autre bol, fouettez ensemble l'œuf, le sucre, le lait, l'huile et les bananes. Faites un puits au centre des ingrédients secs et versez-y les ingrédients liquides. Mêlez jusqu'à homogénéité. Versez aux ¾ dans des moules à muffins doublés de moules en papier et faites cuire au four à 400 °F (205 °C), de 20 à 25 minutes. Donne 12 muffins.

RECETTE: CAFÉ DE BETTERAVES

Voici la recette d'un café antianémique et régénérateur sanguin, tirée du livre *La santé par les jus* publié aux Éditions Quebecor.

Raclez quelques betteraves sans les éplucher. Coupez en rondelles de 1¼ à 1½ po (de 3 à 4 cm) d'épaisseur. Faites sécher au soleil ou sur une claie enfilées en chapelet. Torréfiez ensuite au four. Cassez et moulez dans un moulin à café. Conservez dans un récipient en bois.

Ce «café» s'améliore en vieillissant. Buvez-en quelques tasses par jour pour augmenter les défenses de votre système immunitaire.

MOLYBDÈNE

Le molybdène est un oligoélément qui entre dans la constitution de plusieurs enzymes (substances du corps qui facilitent et accroissent les réactions biochimiques) qui tiennent un rôle de premier plan dans certains processus physico-chimiques. Ces enzymes, le sulfite-oxydase, le xanthine-oxydase et l'adéhyde-oxydase, sont trois des principales enzymes constituées de molybdène. Voici comment *L'Encyclopédie des vitamines* (Éditions Modus Vivendi) décrit l'action de ces trois enzymes:

«• sulfite-oxydase: aide l'organisme à détoxifier les sulfites, des substances chimiques complexes présentes dans les aliments riches en protéines et qui servent d'agents de conservation dans certains aliments et médicaments;

• xanthine-oxydase: enzyme qui participe à la production de matériel génétique et de protéines dans l'organisme et qui, en outre, aide l'organisme à fabriquer l'acide urique, un produit de désassimilation de grande importance;

• adéhyde-oxydase: enzyme qui participe à la production de matériel génétique et de protéines dans l'organisme.»

Le molybdène favorise l'élimination, par les reins, des toxines stockées dans l'organisme. En outre, parce qu'il contribue à renforcer l'action bénéfique du fer, du fluor et du cuivre, il est efficace pour lutter contre les caries dentaires, les maux de tête et les migraines, les palpitations cardiaques, la fatigue ainsi que les états anémiques et asthéniques.

Il ne semble pas y avoir, à ce jour, de cas déclaré de carence en molybdène pas plus d'ailleurs que de cas de surdose, bien qu'une prise de plus de 500 microgrammes (mcg) par jour puisse nuire à l'assimilation du cuivre. La dose quotidienne souhaitée se situe entre 50 mcg et 75 mcg.

Dans l'alimentation, on trouve le molybdène dans les céréales complètes, les laitages, les légumes à feuilles, notamment les épinards, les produits dérivés du soya et la viande.

RECETTE: CHAUDRONNÉE SANTÉ

La viande, le tofu et les légumes verts contiennent des traces de molybdène.

Ingrédients

1 c. à thé (5 ml) d'huile
½ lb (225 g) de filet de bœuf découpé en lanières
½ lb (225 g) de filet de poitrine de poulet découpé en lanières
1 petit oignon finement haché

1 ou 2 gousses d'ail finement hachées
1 tasse (250 ml) de bouillon de bœuf
1 échalote française finement hachée
½ tasse (125 ml) de céleri coupé en biseaux
½ tasse (125 ml) de haricots verts
½ tasse (125 ml) de bouquets de chou-fleur
½ tasse (125 ml) de bouquets de brocoli
½ tasse (125 ml) de poivron vert en morceaux
½ tasse (125 ml) d'épis de maïs miniatures
1 tasse (250 ml) de tofu
sauce soya au goût
2 c. à soupe (30 ml) de fécule de maïs diluée dans une très petite quantité d'eau
1 lb (454 g) de fèves germées

Préparation

Dans un chaudron (ou, mieux encore, dans un wok), versez l'huile et faites-y revenir le bœuf et le poulet jusqu'à l'obtention d'une belle couleur dorée. Ajoutez l'oignon et l'ail, et remuez. Ajoutez ensuite le bouillon de bœuf, couvrez et laissez mijoter jusqu'à ce que les viandes soient tendres. Retirez et mettez de côté. Dans le même chaudron, faites sauter (dans un peu d'huile), et de préférence dans l'ordre, l'échalote française, le céleri, les haricots, le chou-fleur, le brocoli, le poivron vert, les épis de maïs et le tofu. Arrosez de sauce soya au goût. Incorporez la viande et le bouillon. Rajoutez un peu de bouillon de bœuf au besoin. Épaississez le tout avec la fécule diluée dans de l'eau.

Incorporez finalement les fèves germées et mélangez bien pour enrober tous les ingrédients.

RECETTE: ÉPINARDS AU BEURRE ET À L'AIL

Ingrédients

1 paquet d'épinards
1 gousse d'ail
1 noix de beurre
sel et poivre

Préparation

Faites fondre le beurre et faites-y revenir l'ail, à feu très doux. Ajoutez les épinards, mêlez, assaisonnez de sel et de poivre. Servez chaud.

RECETTE: TREMPETTE AUX TROIS FROMAGES

Ingrédients

1 tasse (250 ml) de fromage cottage
½ tasse (125 ml) de fromage à la crème à la température de la pièce
¼ de tasse (60 ml) de crème 35 %
¼ de lb (110 g) de camembert
1 tasse (250 ml) d'épinards hachés
½ c. à thé (2 ml) de sel assaisonné
2 pincées de poivre
1 c. à thé (5 ml) de feuilles de céleri finement hachées
1 c. à soupe (15 ml) de persil frais finement haché

Préparation

Passez les 5 premiers ingrédients au malaxeur jusqu'à ce que le mélange soit bien léger. Incorporez les assaisonnements, mêlez et réfrigérez. Servez avec des bâtonnets de légumes.

NICKEL

Le nickel est un oligoélément qui remplit dans l'organisme des fonctions, certes peu nombreuses, mais tout de même importantes. Un de ses rôles dominants est sa participation bénéfique dans le maintien en bonne santé du système pancréatique. En outre, il est d'un grand secours pour les personnes atteintes de diabète grâce à sa capacité à exercer un certain contrôle sur le taux de sucre dans le sang.

Le corps a également besoin des bons offices du nickel dans la pigmentation de l'épiderme, pour la bonne propagation du courant nerveux dans le corps et pour l'équilibre et l'harmonie de l'activité cellulaire.

Sa consommation est indiquée pour les personnes souffrant d'hypertension artérielle, car il atténue les effets électrisants d'un excès d'adrénaline. En outre, il est tout indiqué pour soulager les malaises gastriques provoqués par une mauvaise digestion, particulièrement ceux qui sont imputables au stress de la vie quotidienne.

La dose quotidienne requise de nickel n'est nulle part déterminée. On trouve du nickel dans les carottes, le cresson, le chou, les épinards, les haricots, les oignons, les tomates et dans les raisins.

LES ASSOCIATIONS

- **Nickel/cobalt**

VOIR «Cobalt».

- **Zinc/nickel/cobalt**

VOIR «Cobalt».

- **Cuivre/nickel/cobalt**

VOIR «Cobalt».

RECETTE: CAROTTES MARINÉES

Ingrédients

4 lb (1,8 kg) de carottes semi-cuites, en rondelles
2 petits oignons en rondelles
2 poivrons verts en lanières

Sauce

1 boîte de 10 oz (284 ml) de sauce tomate
½ tasse (125 ml) d'huile végétale
¾ de tasse (185 ml) de vinaigre
1 tasse (250 ml) de sucre blanc
1 c. à soupe (15 ml) de moutarde
1 c. à soupe (15 ml) de sauce Worcestershire
1 c. à soupe (15 ml) de sel
1 c. à thé (5 ml) de poivre

Préparation

Mêlez tous les ingrédients de la sauce et ajoutez-y le mélange de légumes. Mettez en pots. Se conserve 3 semaines au réfrigérateur.

RECETTE: SALADE DE CHOU ET DE CAROTTES

Ingrédients

2 ½ tasses (625 ml) de chou vert râpé
1 tasse (250 ml) de carottes râpées
½ tasse (125 ml) de cresson finement haché
½ tasse (125 ml) d'épinards finement hachés
1 oignon finement haché
¾ de tasse (185 ml) de mayonnaise
2 c. à soupe (30 ml) de vinaigre blanc
un peu de sucre (facultatif)
sel et poivre, au goût

Préparation

Mêlez tous les légumes et liez avec la mayonnaise. Ajoutez le vinaigre, un peu de sucre si désiré, salez et poivrez au goût. Réfrigérez au moins 1 heure avant de servir.

RECETTE: HARICOTS AU BEURRE

Ingrédients

½ lb (225 g) de haricots verts ou jaunes
½ c. à soupe (8 ml) de sel

3 c. à soupe (45 ml) de beurre fondu
jus de ½ citron
1 gousse d'ail finement hachée
poivre, au goût
persil frais haché, au goût

Préparation

Équeutez les haricots et ôtez les fils. Laissez entiers ou coupez en morceaux. Faites cuire jusqu'à la tendreté désirée, puis égouttez. Dans une poêle, faites fondre le beurre, ajoutez le jus de citron, l'ail et le poivre. Cuire 1 ou 2 minutes à feu très doux, puis ajoutez les haricots pour les réchauffer. Saupoudrez de persil haché et servez chaud.

OR

Bien que le caractère essentiel et indispensable de l'or dans l'organisme ne soit encore, d'aucune façon, établi avec certitude, on peut toutefois remarquer qu'il exerce une certaine action sur le corps, mettant ses propriétés curatives au service de la prévention, des soins et de la guérison de certains malaises et de certaines maladies.

Ses qualités en tant qu'agent anti-infectieux, antidouleur et anti-inflammatoire sont reconnues depuis fort longtemps. En réalité, les qualités de l'or en tant qu'oligoélément agissant sur l'organisme sont sensiblement les mêmes que celles du cuivre.

En médecine traditionnelle, l'or est prescrit sous forme de sels pour traiter différentes formes d'arthrite et de rhumatismes. On l'utilise notamment en homéopathie pour soigner diverses affections allant de l'ostéomalacie (ramollissement généralisé des os par résorption diffuse des sels calcaires de la substance osseuse) à la dépression nerveuse, en passant par l'athérosclérose, l'arthrite et les rhumatismes.

En outre, s'il est utilisé dans le traitement de certains cancers sous une forme radioactive, c'est toujours après qu'ont été évalués les risques potentiels de dangerosité car l'or, sous cet aspect, peut s'avérer très nocif et son usage, par conséquent, est très restreint.

La médecine chinoise tire bénéfice de l'or dans le soin des oignons, cette inflammation de la bourse séreuse d'une articulation des orteils, particulièrement de la bourse articulaire entre la première phalange du gros orteil et le métatarsien. En appliquant de minces feuilles d'or sur les oignons, on arrive à réduire la douleur imputable à l'inflammation.

L'or se présente sous différentes formes: comprimés, implants radioactifs, injections, granules, sels, feuilles, remèdes homéopathiques.

Aucun aliment ne semble receler suffisamment d'or pour être digne d'intérêt.

LES ASSOCIATIONS

- **Cuivre/or/argent**

VOIR «Argent».

PHOSPHORE

Le phosphore est un autre élément constitutif essentiel de la structure osseuse (et, partant, de la dentition), qui d'ailleurs s'approprie quelque 80 % du contenu total de cet oligoélément dans l'organisme. Voici ce qu'en disent les auteurs de l'*Encyclopédie des vitamines* (Éditions Modus Vivendi): «En se liant au calcium, le phosphore contribue à constituer des substances dures et semblables au cristal, qui créent la trame sur laquelle s'élaborent une ossature et une dentition solides.»

Sur les 20 % qui restent, sur un total corporel d'environ 700 g, 10 % sont alloués aux muscles et 10 %, aux tissus.

Le phosphore entre de façon importante dans la composition des membranes des cellules auxquelles il fournit l'énergie nécessaire et vitale dont chaque être humain a besoin pour vivre. À cet égard, en répandant ses bienfaits de dynamo dans le corps, il arrive aussi à contrôler, d'une certaine manière, les bouffées de chaleur imputables à la nervosité et au stress.

Non seulement le phosphore exerce-t-il son action bénéfique en travaillant de pair avec d'autres oligoéléments, non seulement contribue-t-il à fournir à ce véhicule humain qu'est le corps un carburant de qualité mais en plus, parce qu'il est impliqué dans de fort nombreux échanges, fusions et amalgames biochimiques, il participe au métabolisme des graisses, des sucres, des hydrates de carbone, des protéines, des vitamines, des sels minéraux et des oligoéléments.

En outre, c'est un élément important dans la formation de la myéline, cette substance lipidique et protéique complexe qui forme un manchon autour de certaines fibres nerveuses. Le phosphore est également une substance active dans la synthèse de la lécithine, ce lipide présent dans tous les tissus animaux et végétaux et très abondant, notamment, dans le cerveau. À cet égard, il tient un rôle influent dans le bon fonctionnement de cet organe. Il participe à l'acquisition et au maintien d'une bonne mémoire, à l'accroissement des facultés intellectuelles et cérébrales, à la capacité de concentration, d'attention et de vigilance.

S'il intervient pour calmer les états de spasmophilie (qui sont la tendance aux spasmes musculaires et viscéraux imputable à une excitabilité nerveuse et musculaire anormale), il est, par ailleurs, en supplément alimentaire, un fameux auxiliaire d'éveil des sens, tout à fait bienvenu et recommandé aux personnes dont la situation requiert un surcroît de vigilance, par exemple dans l'accomplissement d'un travail intellectuel ou au cours de la préparation d'un examen.

Il est impossible de clore ce chapitre sur les vertus et les actions thérapeutiques du phosphore sans parler de son rôle extrêmement important au niveau des transmissions génétiques. En effet, parce qu'il entre dans la composition des nucléoprotéines, il se trouve au sein d'une équipe nombreuse ayant pour mission de transporter les bagages héréditaires, légués d'une génération à l'autre.

Les carences graves en phosphore sont plutôt rarissimes. Une faible carence peut cependant se traduire par les manifestations suivantes: caries dentaires, inflammation ou infection des gencives, décalcification, troubles de la croissance, ossature fragile, crampes, spasmes et faiblesse musculaires, fourmillements fréquents dans les mains et les pieds; fatigue, nervosité, difficultés de concentration ou de mémorisation, incapacité de fixer son attention, diminution de la vigilance, affaiblissement de l'acuité intellectuelle, affaiblissement des réflexes; respiration difficile ou irrégulière, inappétence, amaigrissement ou, au contraire, prise de poids anormale.

Les suppléments (comprimés, remèdes homéopathiques ou autres) de phosphore ne doivent être pris que sur de courtes périodes et pour des raisons bien précises, car une surdose de phosphore risque de déséquilibrer un tas d'autres fonctions. En plus, un excès de cet oligoélément menace l'harmonie des échanges entre les diverses substances de l'organisme.

Contiennent du phosphore: les laitages (crème, lait, fromage, yogourt), les œufs, les viandes (rouges et blanches), les poissons et les fruits de mer, le chocolat, le soya, les fèves de Lima, les amandes, le pain complet; de nombreux légumes – asperges, artichauts, aubergines, betteraves, brocoli, céleri, chou, cresson, épinards, laitue, olives, poireau, tomate, etc. – ainsi que la plupart des fruits – avocat, cerise, citron, figue, fraise, framboise, melon, orange, pamplemousse, papaye, pêche, poire et pomme, pour ne nommer que ceux-là.

Sont les ennemis du phosphore: les antiacides gastriques, les suppléments de fer, le sucre, le café, les croustilles, les boissons gazeuses et la consommation excessive de viande.

RECETTE: POTAGE DE FEUILLES

Ce potage contient de nombreux aliments renfermant du phosphore.

Ingrédients

1 ½ c. à soupe (22 ml) de beurre
2 échalotes vertes émincées
eau
1 pomme de terre moyenne coupée en cubes
3 c. à soupe (45 ml) de base de poulet
½ c. à thé (2,5 ml) de sucre
1 ½ tasse (375 ml) de laitue hachée
1 ½ tasse (375 ml) d'épinards hachés
1 ½ tasse (375 ml) de cresson
1 c. à thé (5 ml) de basilic
sel et poivre
1 tasse (250 ml) de crème 35 %

Préparation

Dans un chaudron, faites fondre le beurre et faites-y revenir l'échalote. Couvrez ensuite d'eau et ajoutez la base de poulet, la pomme de terre et le sucre. Laissez mijoter une quinzaine de minutes à feu moyen, puis incorporez la laitue, les épinards, le cresson et le basilic. Faites mijoter jusqu'à ce que les pommes de terre soient tout à fait cuites. Passez au mélangeur. Remettez le tout dans le chaudron, ajoutez la crème, salez et poivrez, puis laissez cuire environ 15 minutes afin d'épaissir. Servez.

RECETTE: POTAGE PRÉ VERT

Contiennent du phosphore: le beurre.

Ingrédients

1 c. à thé (5 ml) de beurre
2 échalotes émincées
4 tasses (1 litre) d'eau
1 pomme de terre moyenne, en dés
1 tasse (250 ml) de céleri haché
3 c. à soupe (45 ml) de base de poulet
1 tasse (250 ml) de brocoli coupé en petits morceaux
1 tasse (250 ml) de poireau émincé
¼ de tasse (60 ml) de persil frais haché
½ gousse d'ail
1 pincée de basilic
1 pincée d'origan
½ tasse (125 ml) de crème 35 %
sel et poivre au goût

Préparation

Dans un chaudron, faites fondre le beurre et faites-y revenir les échalotes. Ajoutez ensuite l'eau, la base de poulet, les dés de pomme de terre, le céleri, du sel et du poivre. Faites mijoter une dizaine de minutes avant d'ajouter le brocoli, le poireau, le persil, l'ail, le basilic et l'origan. Au besoin, rajoutez de l'eau afin de couvrir largement les légumes. Cuisez jusqu'à ce que tous les légumes soient bien cuits. Passez au mélangeur. Remettez sur le feu en incorporant la crème. Laissez mijoter afin d'épaissir le potage. Rectifiez l'assaisonnement et servez.

RECETTE: CONFITURE DE PÊCHES ET D'ANANAS

La pêche et l'ananas sont deux fruits qui contiennent du phosphore.

Ingrédients

- 2 ½ tasses (625 ml) de pêches pelées (environ 6 grosses)
- 1 tasse (250 ml) de morceaux d'ananas frais (si en conserve, il faut les égoutter)
- 2 tasses (500 ml) de sucre
- 1 orange: zeste et jus

Préparation

Blanchissez les pêches, pelez-les et taillez-les en dés. Mettez tous les autres ingrédients dans une casserole et amenez à ébullition. Réduisez le feu et laissez mijoter à découvert, en brassant de temps en temps, jusqu'à ce que la préparation épaississe et devienne transparente (environ 40 minutes). Versez la confiture chaude dans des bocaux stérilisés et paraffinez.

RECETTE: JUS SAVEUR NATURE

Ingrédients

½ tasse (125 ml) de cresson
½ tasse (125 ml) d'épinards
¼ de tasse (60 ml) de jus de tomate
1 pincée de basilic
1 pincée de poivre
1 pincée de sel
1 c. à thé (5 ml) de sucre
½ c. à thé (2 ml) de sauce Worcestershire
4 ou 5 olives farcies

Préparation

Passez tous les ingrédients au mélangeur et servez sur glace avec des cure-dents sur lesquels vous enfilerez quelques olives.

POTASSIUM

La fonction dominante du potassium est de régulariser et d'exercer un contrôle sur le volume d'eau dans l'organisme en stimulant et en activant le fonctionnement des reins. À cet égard, le potassium est un allié précieux pour les personnes qui désirent perdre du poids ou se débarrasser d'une couche de cellulite encombrante.

Par ailleurs, cet oligoélément est un agent tout à fait indispensable dans la transmission de tous les influx nerveux qui circulent dans l'organisme.

Stimulant de la sécrétion d'insuline (cette hormone sécrétée par le pancréas et qui active l'utilisation du glucose dans l'organisme), le potassium joue également un rôle dans l'augmentation de l'acuité cérébrale (en intensifiant l'apport d'oxygène au cerveau). Il s'allie au magnésium et au calcium pour garder en santé l'oreille interne, il participe activement aux échanges intercellulaires et il collabore à la synthèse des protéines.

Par ailleurs, le potassium est un mandataire important quand il s'agit d'exercer sa mission aux niveaux de la décontraction et de la relaxation des muscles. En réalité, il calme et relâche ceux-ci en se livrant à un combat contre les troubles neuromusculaires, notamment les crampes et les spasmes, manifestations trop souvent répétées chez les carencés en potassium, particulièrement chez les sportifs (après une compétition éprouvante) et chez les personnes devant fournir d'importants efforts intellectuels. Il faut savoir que le potassium s'élimine par la sueur.

Cet oligoélément est, par ailleurs, d'une importance capitale dans l'exercice de ses fonctions de régulateur du rythme cardiaque. Il contrôle et équilibre la tension artérielle et lutte efficacement contre les palpitations et l'arythmie cardiaque.

Les carences en potassium peuvent se traduire par une foule de manifestations dont voici les plus fréquentes: crampes, spasmes et faiblesse musculaires, paralysie, absence ou diminution notable des réflexes; états apathiques, confusion, fatigue et asthénie (physiques et mentales); constipation, ballonnements, gaz intestinaux; hypertension artérielle, palpitations cardiaques, arythmie, tachycardie, irritabilité, nervosité, insomnie; fourmillements fréquents dans le bout des doigts et des orteils; nausées, vomissements; difficultés à digérer; problèmes de peau.

Les ennemis du potassium sont les diurétiques, les laxatifs, certains médicaments dont la digitaline, l'alcool, le thé, le café et le sucre raffiné.

On retrouve du potassium dans de nombreux aliments. Cependant, les auteurs ne s'entendent pas tous sur l'apport quotidien recommandé; il semblerait que la dose requise se situe entre 1 et 5 grammes.

Contiennent du potassium: les laitages, les viandes, les volailles, les poissons et les fruits de mer, les fruits secs, les jus de fruits et de légumes frais, les abricots, les avocats, les bananes, les kiwis, les melons, les pruneaux, l'ail, les artichauts, les asperges, les betteraves, le céleri, le chou, les épinards, la laitue, les oignons, les olives, l'oseille, le pissenlit, les poireaux, les pommes de terre, la salsepareille, les tomates, la cannelle, le curcuma, l'estragon, le fenouil, le girofle, la prêle et le romarin.

Certains auteurs, thérapeutes et médecins, bien qu'encore ici le sujet ne fasse pas l'unanimité, affirment que le potassium des aliments disparaît au contact de l'eau bouillante et qu'il est donc préférable de les consommer crus, cuits au four ou alors cuits *al dente* à la vapeur.

Du potassium en excès (c'est-à-dire plus de 5 g par jour) est une menace à l'équilibre des échanges entre tous les minéraux et les oligoéléments, ce qui risque d'occasionner divers malaises et diverses maladies affectant tantôt le système rénal, tantôt l'appareil cardiovasculaire, tantôt les fonctions neuromusculaires.

Attention! Toute personne souffrant d'affections rénales, de diabète, faisant déjà l'objet d'une médication de diurétique ou d'une médication destinée à lutter contre les malaises cardiaques doit s'abstenir de prendre des suppléments de potassium sans l'avis d'un professionnel de la santé.

LES ASSOCIATIONS

- **Potassium/magnésium**

VOIR «Magnésium».

RECETTE: AVOCAT SANTÉ

L'avocat est très riche en potassium. Il contient plus ou moins 1 097 mg de cet oligoélément par 3 ½ oz (100 g) de fruits.

Ingrédients

2 avocats
8 c. à soupe (120 ml) de chair de crabe
1 petit oignon haché
jus de citron
¾ de tasse (185 ml) de mayonnaise
sel et poivre

Pour la décoration

1 oignon rouge finement tranché et défait en rondelles
de fines tranches de citron
des quartiers ou des cubes de tomates
des câpres
du persil frais

Préparation

Coupez les avocats en deux. Ôtez le noyau. Détachez délicatement la chair du fruit, coupez-la en petits cubes et arrosez-la d'un peu de jus de citron de façon qu'elle ne noircisse pas. Ajoutez le crabe et l'oignon haché. Salez et poivrez au goût et liez avec la mayonnaise. Garnissez les cavités des avocats de ce mélange et décorez selon votre fantaisie.

RECETTE: POMME DE TERRE FARCIE AU JAMBON FUMÉ

Ingrédients (par pomme de terre)

1 pomme de terre moyenne
¼ de tasse (60 ml) de jambon en petites lanières
1 c. à thé (5 ml) de beurre
1 c. à thé (5 ml) d'huile
3 c. à soupe (45 ml) d'oignon haché
¼ de c. à thé (1 ml) d'estragon
¼ de c. à thé (1 ml) d'ail finement haché
sel et poivre au goût

Préparation

Lavez la pomme de terre sans l'éplucher et faites-la cuire au four (environ 45 minutes à 400 °F [205 °C]), sans emballage d'aluminium. Sitôt la cuisson terminée, laissez la pomme de terre refroidir de 10 à 15 minutes, puis coupez-lui une «calotte» (dans le sens horizontal). Creusez la pomme de terre afin de l'évider en prenant bien soin de n'abîmer ni le fond ni les parois. Réservez la pulpe.

Dans une poêle, faites fondre le beurre, ajoutez l'huile et faites-y revenir légèrement le jambon, l'oignon, l'estragon et l'ail. Ajoutez la pulpe de pomme de terre, salez, poivrez et farcissez la pomme de terre de ce mélange. Passez au four une quinzaine de minutes à 375 °F (190 °C).

RECETTE: POIREAUX À LA CRÈME
(pour deux personnes)

Ingrédients

1 ½ poireau coupé en morceaux de 1 po (2,5 cm)
2 c. à soupe (30 ml) de yogourt
2 c. à soupe (30 ml) de mayonnaise
sel et poivre au goût
½ c. à thé (2 ml) de romarin
½ c. à thé (2 ml) d'estragon
persil frais haché

Préparation

Lavez et cuisez les poireaux dans de l'eau salée jusqu'à tendreté désirée. Égouttez et mettez de côté. Mêlez le yogourt, la mayonnaise, le sel, le poivre, le romarin et l'estragon. Versez sur les poireaux et saupoudrez de persil.

RECETTE: JUS DE LAITUE ET DE TOMATE À L'ESTRAGON

Ingrédients

1 tasse (250 ml) de jus de laitue
½ tasse (125 ml) de jus de tomate
½ tasse (125 ml) d'estragon frais
sel et poivre

Mélangez tous les ingrédients et servez froid.

RECETTE: JUS DE TOMATE ET DE PISSENLITS

Ingrédients

1 tasse (250 ml) de jus de tomate
½ tasse (125 ml) de céleri finement haché
½ tasse (125 ml) de feuilles de pissenlit
1 pincée de coriandre
1 pincée de sel

Préparation

Passez le tout au mélangeur. Rectifiez l'assaisonnement au goût.

RECETTE: COMPAGNON D'ÉTÉ

Ingrédients

¼ de pamplemousse
1 tranche épaisse d'ananas
1 pomme
1 tranche de lime

Préparation

Pelez les agrumes en leur laissant le plus possible leur peau blanche. Pelez l'ananas et coupez-le en tranches en lui laissant la partie dure du centre. Coupez ensuite en morceaux la tranche dont vous avez besoin pour votre recette. Lavez la pomme et découpez-la en petits morceaux tout en prenant bien soin de lui enlever ses pépins. Passez les fruits à la centrifugeuse.

SÉLÉNIUM

Incontestablement, le mérite le plus considérable de cet oligoélément réside dans sa qualité d'antioxydant efficace pour lutter contre les radicaux libres.

Les oxydants, ou radicaux libres, sont des substances «destructrices» et «délinquantes» qui errent dans notre organisme en détruisant, çà et là sur leur passage, les cellules saines ou vulnérables du corps humain, déclenchant ainsi un processus d'oxydation et provoquant des maladies comme l'artériosclérose, le cancer, les problèmes du système nerveux et circulatoire et même l'apparition de cataractes, l'hypertension et des problèmes de fertilité.

Le sélénium possède donc le pouvoir de stopper l'oxydation et, partant, de lutter contre les radicaux libres qui sont à l'origine de l'usure des cellules.

Michel Montignac explique, dans son ouvrage *Boire du vin pour rester en bonne santé*, que les radicaux libres sont le résultat d'un phénomène d'oxydation qui perturbe la structure des cellules, tandis que Jean Carper (*Les aliments qui guérissent*, éditions de l'Homme), sans gants blancs, les décrit comme de «véritables fléaux hyperexcités qui se livrent à un véritable saccage de nos cellules».

L'abordage des radicaux libres dérange, affaiblit, débilite notablement la reproduction des cellules qui, après multiplication, engendrent d'autres cellules beaucoup plus faibles et beaucoup moins performantes. Ces cellules «atrophiées» et faibles sont responsables de l'outrage des ans. Il faut donc, s'entendent tous les médecins, chercheurs et scientifiques, lutter contre les radicaux libres en prévenant leur oxydation.

En permettant aux cellules de préserver leur bon état de santé plus longtemps, le sélénium arrive, par conséquent, à retarder le vieillissement. Dans son action de résistance aux radicaux libres, il entrave leurs activités de modification et de dégénérescence des tissus, notamment de la peau, des cheveux et du cœur, qu'il protège et nourrit. Dans sa grande œuvre en tant qu'antioxydant, le sélénium travaille de concert avec les vitamines A et E.

Il semblerait, par ailleurs, que cet oligoélément soit un nutriment efficace dans la prévention de nombreux cancers, dans la prévention des maladies cardiovasculaires et dans la prévention de toutes les formes de dégâts qui peuvent être imputables aux agressions des radicaux libres.

Anti-inflammatoire, il lutte contre l'arthrite, l'arthrite rhumatoïde, l'arthrose, les rhumatismes, la sclérose en plaques, etc.; en outre, il participe activement au maintien d'une bonne santé du système nerveux, renforce les défenses du système immunitaire, participe à l'élimination des toxines de l'organisme, contribue à entretenir la souplesse et l'élasticité des tissus pulmonaires et mène une lutte sans merci à l'impuissance sexuelle et à l'infertilité en prenant une part active à la production des spermatozoïdes.

Une carence en sélénium entraîne des douleurs et d'autres troubles du tonus musculaire comme de la difficulté à marcher, une baisse notable de l'immunité, de la fatigue, un vieillissement prématuré découlant d'une modification des cellules et des tissus, une plus grande vulnérabilité aux infections de tous genres, une sensibilité accrue à l'oxydation imputable aux rayons du soleil ou à la fumée de cigarette, des risques plus élevés de vivre l'apparition d'une maladie cardiovasculaire ou d'être victime d'artériosclérose; ce déficit provoque également une plus grande vulnérabilité face aux agents cancérigènes.

Attention, l'abus de sélénium provoque généralement les mêmes dommages que la carence!

La dose quotidienne recommandée de cet oligoélément est de 50 à 80 microgrammes. On trouve du sélénium dans les viandes (porc et bœuf, particulièrement les rognons), dans le foie de veau, la volaille, les poissons et les fruits de mer, les œufs, les noix, les céréales complètes, la levure alimentaire, le germe de blé, le vin rouge, les tortillas, les ananas et les bananes, l'ail, les betteraves, le brocoli, les champignons, les oignons et les tomates.

RECETTE: FOIE DE VEAU À LA SAUCE CRÉOLE

Le foie de veau, les oignons, les tomates et l'ail renferment du sélénium.

Ingrédients

3 c. à soupe (45 ml) de beurre
1 oignon coupé en tranches
2 c. à soupe (30 ml) de poivron vert haché
2 tasses (500 ml) de tomates en boîte
½ tasse (125 ml) de champignons tranchés
2 gousses d'ail finement hachées
2 pincées de thym
½ c. à thé (2 ml) d'origan
sel et poivre au goût
1 lb (454 g) de foie de veau tranché
½ tasse (125 ml) de farine blanche
1 c. à soupe (15 ml) de beurre
1 c. à soupe (15 ml) d'huile

Préparation

Dans un chaudron, faites fondre le beurre et faites-y revenir, à feu moyen, les tranches d'oignon et le poivron vert. Ajoutez ensuite les tomates, les champignons, l'ail, le thym et l'origan. Salez et poivrez au goût, puis laissez mijoter, à feu doux, environ 1 heure.

Faites chauffer le beurre et l'huile. Passez les tranches de foie dans la farine et faites-les sauter à feu vif, jusqu'à ce qu'elles soient tendres. Nappez de sauce et servez.

RECETTE: BETTERAVES MARINÉES

Ingrédients

4 tasses (1 litre) de betteraves cuites, tranchées
1 ½ tasse (375 ml) de vinaigre blanc
1 tasse (250 ml) de cassonade
10 clous de girofle entiers
1 pincée de sel
1 pincée de poivre

Préparation

Cuisez les betteraves, tranchez-les de la manière désirée et mesurez. Faites stériliser vos bocaux au four. Pendant ce temps, portez à ébullition le vinaigre, la cassonade, le girofle, le sel et le poivre. Remplissez les pots chauds de betteraves, puis couvrez complètement du mélange de vinaigre. Scellez immédiatement. Laissez mariner pendant quelques semaines pour obtenir un maximum de saveur.

RECETTE: GRATIN DE DINDE ET DE BROCOLI

Ingrédients

2 poitrines de dinde cuites
1 boîte de crème de poulet
1 boîte de lait condensé
1 tasse (250 ml) du fromage à gratin de votre
    choix, râpé
des morceaux de brocoli
quelques noisettes de beurre
sel et poivre au goût

Préparation

Déposez les morceaux de dinde dans un plat allant au four. Mêlez la crème de poulet et le lait condensé, puis versez sur la volaille. Parsemez, sur la crème, les noisettes de beurre, étendez le brocoli, salez et poivrez, puis couvrez avec le fromage râpé. Cuisez à 350 °F (180 °C) pendant 15 minutes, puis terminez à «broil».

REMÈDE BEAUTÉ

Pour une peau saine et douce: posez des morceaux d'ananas sur le visage en les faisant tenir avec une bande élastique et laissez agir pendant 20 minutes. Répétez 2 ou 3 fois par semaine.

SILICIUM

Une des principales fonctions du silicium, ce fameux reminéralisant, est son grand concours (grâce, entre autres, à sa participation active dans l'assimilation d'autres oligoéléments, notamment le calcium et le phosphore) dans la formation, la restauration et la régénération de tous les éléments de la structure osseuse et de tous les tissus et fibres élastiques du corps tels les tendons, les ligaments, les cartilages, les articulations, les veines et les artères, les phanères (cheveux, ongles, dents) auxquels il confère une plus grande solidité et une meilleure santé (les cheveux sont plus brillants, les ongles plus durs et les dents plus saines). Son action s'étend aussi à la peau (le silicium favorise la cicatrisation, augmente l'élasticité, raffermit les chairs et éclaircit le teint), aux muscles (qu'il renforce et durcit) et au sang (qu'il réchauffe et ravive).

Le silicium est un antioxydant puissant qui contribue à ralentir le processus du vieillissement auquel chaque individu, un jour, doit faire face.

Parmi les autres fonctions de cet oligoélément, on découvre qu'il exerce une action bénéfique sur le maintien d'un rythme cardiaque normal, qu'il augmente de façon remarquable les défenses du système immunitaire, lui permettant par conséquent d'être plus apte et mieux armé pour se défendre contre les agents infectieux. Il agit également de façon bienfaisante sur le système nerveux et sur le système respiratoire, il fait la guerre au cholestérol, il stimule et active l'acuité intellectuelle et l'activité cérébrale.

Les carences en silicium se traduisent par des troubles de la croissance (notamment le rachitisme), la déminéralisation et la fragilité des os ainsi que par une faiblesse du squelette occasionnant fêlures, fractures, luxation, étirements ligamentaires, déboîtements, entorses fréquentes, etc., troubles des articulations, athérosclérose, différents types de cancer, des malaises cardiovasculaires, un vieillissement prématuré, du diabète, de l'insomnie, de l'asthénie physique, mentale ou intellectuelle, des maux de tête et des migraines, une absence d'énergie, de vitalité et de résistance physique, une lenteur dans la cicatrisation et la guérison des brûlures, des blessures et des plaies ainsi qu'un mauvais état des cheveux, des dents et des ongles.

La dose quotidienne recommandée de silicium est de 20 mg à 30 mg. En contiennent: la peau des fruits, l'ananas, la fraise et le raisin; les graines de soya et le pollen; l'ail, l'asperge, la betterave, le chou, l'échalote, l'oignon et le poireau. En outre, la prêle est un aliment réputé très riche en silicium.

RECETTE: GRATIN DE LÉGUMES ET DE JAMBON

Contiennent du silicium: l'oignon, le poireau, le chou, le chou-fleur et le jambon.

Ingrédients

- 1 tasse (250 ml) de chou vert haché (mais non râpé)
- 1 tasse (250 ml) de bouquets de chou-fleur
- 1 tasse (250 ml) de poireaux émincés
- 2 c. à soupe (30 ml) de beurre
- 1 oignon moyen
- 1 tasse (250 ml) de jambon coupé en cubes
- sel et poivre au goût
- 2 c. à soupe (30 ml) de persil frais haché
- 1 tasse (250 ml) de sauce béchamel (voir la recette à la page 73)
- fromage au goût pour gratiner
- paprika

Préparation

Dans un ou plusieurs chaudrons, à l'eau salée, faites cuire le chou, le chou-fleur et les poireaux selon la tendreté désirée. Égouttez et réservez.

Dans une poêle, faites fondre le beurre et faites-y revenir, à feu moyen, l'oignon et le jambon. Ajoutez aux légumes. Incorporez le persil, salez et poivrez au goût. Mélangez bien et versez le tout dans un plat allant au four. Couvrez de la sauce béchamel, parsemez de fromage et saupoudrez de paprika.

RECETTE: CANAPÉS AUX ASPERGES

Ingrédients

- 1 douzaine de petites tranches de baguette grillées, de toast melba ou de biscottes

24 pointes d'asperges
½ tasse (125 ml) de mayonnaise maison
½ poivron rouge coupé en fines lanières
½ poivron jaune coupé en fines lanières
sel et poivre au goût

Préparation

Tartinez les biscottes de mayonnaise et déposez sur chacune 2 pointes d'asperges. Garnissez de deux lanières croisées de poivron jaune et de poivron rouge.

RECETTE: RAISINS À L'EAU-DE-VIE

Ingrédients

2 lb (900 g) de raisins muscats blancs
4 tasses (1 litre) d'eau-de-vie à 45 degrés
1 lb (454 g) de sucre
8 tasses (2 litres) d'eau

Préparation

Après avoir soigneusement lavé et essuyé les raisins, à l'aide de ciseaux, coupez chacun de la grappe en prenant soin de laisser plus ou moins ¼ de po (0,5 cm) de pédoncule (queue). Il est essentiel de n'employer que des raisins parfaitement sains, non abîmés et sans meurtrissure. Déposez les raisins dans l'alcool dans des bocaux bien propres. Fermez hermétiquement et laissez macérer pendant une dizaine de jours. Au bout de ce temps, vous devez rajouter, à ces fruits, le sirop dont voici la recette.

Sirop

En brassant constamment, faites bouillir, pendant 1 minute, le sucre et l'eau. Laissez refroidir. Ajoutez-y alors les raisins et l'alcool. Mêlez délicatement. Remettez dans les bocaux. Fermez hermétiquement et laissez macérer encore au moins 1 mois avant de consommer.

Un dessert-digestif toujours très apprécié des fins gourmets-gourmands!

SODIUM

Le sodium a la propriété de faciliter la transmission, partout dans l'organisme, de l'influx nerveux. En outre, il joue un rôle important dans le maintien d'un taux acceptable (voire normal) d'eau et d'autres fluides dans le corps (ce qui permet à celui-ci de bénéficier d'une hydratation adéquate). Le sodium facilite également les communications et les liaisons intercellulaires.

Par ailleurs, de nombreux travaux scientifiques émettent l'hypothèse, et même souvent la certitude, que le simple fait de consommer moins de sodium suffirait à réduire notablement la pression artérielle. Cependant, il y a, devant ces résultats, une levée de boucliers; d'autres chercheurs ayant mené le même type de recherches scientifiques infirment l'allégation des premiers, soutenant que les résultats visant à prouver que moins de sodium signifie tension artérielle moins élevée ne sont nullement concluants puisque seulement 50 % des personnes ainsi traitées ont effectivement vu leur pression artérielle s'abaisser.

Voici les symptômes d'une carence en sodium: déshydratation, manque d'appétit, ballonnements, gaz intestinaux, crampes et spasmes musculaires, nausées et vomissements, baisse de la tension artérielle et troubles psychiques allant de l'asthénie à la dépression nerveuse.

Cependant, ce genre de carence est extrêmement rare puisque, de façon générale, les gens consomment trop de sodium et risquent beaucoup plus de souffrir d'un excès que d'un déficit dans ce domaine, l'excès se traduisant particulièrement (à la lumière des recherches actuelles) par de l'hypertension artérielle.

La dose quotidienne requise de sodium est de 2 400 mg. La quasi-totalité des aliments contiennent du sodium, mais en renferment particulièrement le sel de table, les viandes, les charcuteries, les poissons et les fruits de mer, tous les aliments en conserve (fruits, légumes, viande, soupe, consommé), les fromages, les vinaigrettes, les olives, les pains et les céréales.

RECETTE: BEURRE AUX OLIVES

Ingrédients

¼ de tasse (60 ml) de beurre défait en crème
3 c. à soupe (45 ml) d'olives
½ c. à thé (2 ml) de jus de citron

Préparation

Mélangez tous les ingrédients. Utilisez ce beurre sur du pain baguette pour accompagner vos mets de viande ou vos pâtes alimentaires.

RECETTE: GRATIN DE MOULES

Ingrédients

4 lb (1,8 kg) de moules
4 échalotes
1 pincée de thym
1 pincée de cerfeuil
1 pincée de muscade
2 tasses (500 ml) de vin blanc
sel et poivre
2 tasses (500 ml) de crème 35 %
2 tasses (500 ml) de fromage mozzarella
2 c. à soupe (30 ml) de beurre

Préparation

Dans une casserole, à couvert, déposez les échalotes, le thym, le cerfeuil, la muscade, le vin blanc et les moules et cuisez jusqu'à ce que s'ouvrent les moules, soit environ 7 minutes à partir de l'ébullition. Dès qu'elles sont cuites, retirez les moules, décortiquez-les et mettez-les de côté. Faites un peu réduire le vin de cuisson, puis ajoutez-y le beurre, la crème, un peu de sel, un peu de poivre. Laissez mijoter jusqu'à la consistance désirée, puis remettez les moules dans la sauce. Chauffez 5 minutes, puis divisez en 4 parts égales dans des plats à gratin. Parsemez de fromage et faites cuire au four 15 minutes, à 400 °F (205 °C).

RECETTE: CROÛTONS AU CHEDDAR, AU BACON ET À L'ORIGAN (pour 4 personnes)

Ingrédients

8 tranches fines de pain de campagne
¼ de tasse (60 ml) d'huile d'olive
¾ de tasse (185 ml) de bacon cuit et émietté
1 ½ tasse (375 ml) de cheddar frais, râpé
1 c. à soupe (15 ml) d'origan
poivre frais moulu

Préparation

Badigeonnez les tranches de pain d'huile d'olive. Parsemez de bacon et de fromage, poivrez au goût et mettez au four de 8 à 10 minutes, à 350 °F (180 °C). Retirez, saupoudrez d'origan et d'un filet d'huile d'olive. Servez chaud.

SOUFRE

À l'instar du sélénium, le soufre est un puissant antioxydant, qualifié (comme le sont tous les antioxydants) pour lutter contre les radicaux libres (voir la définition des radicaux libres dans «Sélénium»).

C'est un élément intrinsèque et essentiel de la structure même et de la constitution de la peau, des phanères (que sont les poils, les cheveux et les ongles) et des différents tissus qui composent le corps, notamment le tissu conjonctif (comme le cartilage articulaire), le tissu fibreux (comme celui des ligaments) et le tissu conjonctif fibreux (celui des tendons).

Au niveau de la peau, le soufre agit à la manière d'un produit antivieillissement, d'abord en luttant contre les radicaux libres responsables, je le répète, de la dégénérescence des cellules, en redonnant à la peau son élasticité et sa souplesse, et en luttant contre les dermatoses (gale, eczéma, psoriasis, acné, etc.). À cet égard, il y a sur le marché de nombreux produits (savons, crèmes, lotions, onguents, etc.) à base de soufre et destinés à lutter ou à prévenir les maladies de la peau, à chasser les mauvaises odeurs corporelles et à lutter contre la transpiration excessive.

Au niveau des cheveux, le soufre prévient les différents problèmes du cuir chevelu comme les pellicules, il redonne la santé aux ongles et il empêche les uns comme les autres de se dédoubler ou de casser.

Pour ce qui est des cartilages, des tendons et des ligaments, le soufre, qui intervient dans la synthèse du collagène (protéine de la substance intercellulaire du tissu conjonctif), les nourrit afin de les rendre plus solides, plus résistants, plus mobiles et plus élastiques. Les thérapeutes chinois utilisent cet oligoélément pour soulager les douleurs lombaires; les homéopathes le recommandent aux personnes qui manquent d'endurance; les médecines occidentale, traditionnelle et parallèle le prescrivent pour soulager les corps fourbus, moulus, courbaturés et dont les muscles sont contractés, raides et tendus.

Le soufre entre dans la composition de nombreuses enzymes et il contribue à la fabrication des anticorps. Antiallergique, il est très efficace pour soulager différents types d'affections des voies respiratoires – bronchite, sinusite, laryngite, pharyngite et autres troubles qui nécessitent une consultation en ortho-rhino-laryngologie.

Régulateur intestinal, il lutte, selon le problème à traiter, tantôt contre la constipation, tantôt contre la diarrhée. En outre, le soufre est un détoxicant hépatique. Parce qu'il entre dans la composition de certaines hormones, la médecine chinoise l'utilise pour lutter contre l'impuissance sexuelle.

On ne peut pas vraiment parler des manifestations d'une carence en soufre parce que celle-ci est quasiment impossible. Le soufre est partout. Il se trouve en abondance tant dans l'alimentation que dans l'eau que l'on boit ou dans l'air que l'on respire. Mais en admettant qu'un tel déficit soit possible, il se traduirait par des problèmes hépatiques, des maux de tête allant de la simple céphalée à la migraine tenace, différentes manifestations allergiques, des problèmes articulaires, des affections des voies respiratoires, des cheveux et des ongles dédoublés et cassants, des dermatoses et de l'urticaire.

La dose quotidienne requise de soufre est de 850 mg. Outre dans l'air et dans l'eau, on le trouve dans les aliments suivants: les œufs, les laitages (crème, lait, fromages), le pain, les viandes, la volaille, les poissons, les algues, les lentilles, les noix, la levure de bière, le pollen; dans l'ail, l'artichaut, l'aubergine, la carotte, le céleri, le chou, le citron, l'épinard, le haricot, l'oignon, l'olive, le poireau, la pomme de terre, le raifort et la tomate; dans l'ananas, la banane, la fraise, la framboise, la pêche et le raisin.

RECETTE: CANAPÉS DE RAIFORT AU FROMAGE À LA CRÈME

Ingrédients

- 3 c. à soupe (45 ml) de raifort râpé
- 3 c. à soupe (45 ml) de fromage Philadelphia, ramolli

1 c. à soupe (15 ml) de crème 35 %
tranches de pain baguette
fromage à gratin

Préparation

Mêlez les 3 premiers ingrédients pour en faire une pâte homogène. Au four, faites griller des tranches de pain baguette et couvrez du raifort à la crème. Saupoudrez de fromage et faites gratiner légèrement.

CRÈME DE POIREAUX

Ingrédients

1 ½ c. à soupe (22 ml) de beurre
2 pommes de terre moyennes émincées
3 tasses (750 ml) de poireaux hachés
1 oignon moyen haché
½ tasse (125 ml) de céleri coupé en morceaux
1 paquet d'épinards
2 c. à soupe (30 ml) de base de poulet
½ tasse (125 ml) de crème 35 %
sel et poivre

Préparation

Dans un chaudron, faites fondre le beurre avec les pommes de terre émincées, les poireaux, l'oignon, le céleri et les épinards. Ajoutez ensuite suffisamment d'eau pour recouvrir largement les légumes. Ajoutez la base de poulet, puis laissez mijoter une vingtaine de minutes à feu moyen. Incorporez la crème. Salez et poivrez au goût. Laissez réduire une dizaine de minutes supplémentaires, à feu doux, puis passez le tout au mélangeur. Refaites chauffer avant de servir.

RECETTE: POMME DE TERRE FARCIE AU FETA, AUX OLIVES VERTES ET AU SAFRAN

Ingrédients (par pomme de terre)

1 pomme de terre moyenne
1 c. à soupe (15 ml) d'huile d'olive
¼ de tasse (60 ml) de fromage feta en petits cubes
¼ de tasse (60 ml) d'olives vertes, grecques ou italiennes, dénoyautées et émincées
½ c. à thé (2 ml) de safran
sel et poivre

Préparation

Lavez la pomme de terre sans l'éplucher et faites-la cuire au four environ 35 minutes à 400 °F (205 °C), sans emballage d'aluminium. Sitôt la cuisson terminée, laissez la pomme de terre refroidir de 10 à 15 minutes, puis coupez-lui une «calotte» (dans le sens horizontal). Creusez la pomme de terre afin de l'évider en prenant bien soin de n'abîmer ni le fond ni les parois. Versez l'huile d'olive dans une poêle et faites-y revenir la pulpe de pomme de terre jusqu'à ce qu'elle soit bien dorée. Ajoutez ensuite le fromage feta, les olives, le sel et le poivre. Chauffez légèrement, puis farcissez la pomme de terre de ce mélange. Parsemez de safran. Passez au four une quinzaine de minutes à 375 °F (190 °C).

ZINC

L'aspect le plus extraordinaire du zinc, c'est qu'il apporte son concours dans la fabrication et l'activation de quelque 200 enzymes qui jouent chacune un rôle important, voire essentiel, dans l'organisme. Certaines de ces enzymes (anti-inflammatoires) permettent de lutter contre les douloureuses manifestations de l'arthrite tout en réduisant les risques d'athérosclérose.

Outre sa participation active dans l'élaboration des enzymes, le zinc a une fonction extrêmement importante en ce qui concerne le développement des organes de reproduction. Collaborateur important dans le métabolisme de l'ADN et de l'ARN, il contribue à la spermatogenèse (qui est l'ensemble des processus qui aboutissent à la formation des gamètes mâles); il active les glandes sexuelles en plus de prévenir ou de guérir les affections concernant la prostate.

Le zinc est absolument essentiel à la croissance, au renouvellement, à la multiplication et à l'entretien des cellules de l'épiderme. Parce qu'il joue un rôle primordial dans la fabrication du collagène et de la kératine (substance protéique qui constitue la majeure partie des productions épidermiques comme les cheveux et les ongles et que l'on trouve également dans les cellules superficielles de l'épiderme), il a un pouvoir de cicatrisation colossal. En réalité, le zinc active et même accélère la guérison au cours des processus de réparation tissulaire dans les cas de brûlures, de blessures ou de plaies. Il a également un pouvoir curatif en regard de l'acné.

Équilibrant du système nerveux dans son ensemble, il favorise, en outre, par son action directe sur le pancréas, un taux adéquat de sucre dans le sang et une meilleure sécrétion de l'insuline (qu'il potentialise), prévenant ainsi un éventuel état diabétique.

Antioxydant, il mène sa propre lutte contre les radicaux libres tout en participant activement, et de façon très importante, à l'organisation et à la bonne fonction du système immunitaire.

Antidépresseur, anticholestérolémiant, le zinc joue un rôle important dans la croissance et dans le développement de l'être humain.

Une des dernières fonctions (mais non la moindre) du zinc est celle d'améliorer, de restaurer ou de maintenir en bon état la vue, l'odorat et le goût, de les rendre plus aiguisés et plus vifs. Au niveau de la vision, le zinc participe à l'acquisition d'une meilleure vision nocturne, car il aide les yeux (la rétine) à s'adapter plus facilement à un moindre éclairage.

Un déficit en zinc se traduit par des problèmes de peau (ulcérations, éruptions, acné, herpès, peau rugueuse, nécrose cutanée), des cheveux qui tombent ou qui cassent, des ongles en mauvaise santé (tachés, striés, mous, qui se dédoublent), des états asthéniques allant de la fatigue à la dépression, une cessation des règles, des manifestations allergiques, une mauvaise immunité se traduisant par une vulnérabilité accrue aux infections, une perte d'appétit pouvant aller jusqu'à l'anorexie (et, par conséquent, une perte de poids), de la diarrhée, des troubles de la croissance, une diminution notable du goût, de l'odorat et de la vue, une mauvaise cicatrisation des coupures, des blessures et des brûlures et, chez l'homme, des troubles prostatiques, de l'impuissance, de la stérilité et une perte de libido.

La dose quotidienne de zinc recommandée se situe entre 15 mg et 25 mg. Contiennent de cet oligoélément: les œufs, les huîtres et les autres fruits de mer, les fromages, les viandes (agneau, bœuf, porc et veau), le foie, la volaille; les fèves soya et les haricots; les noix, les graines de tournesol et la levure de bière; l'ail, l'asperge, l'aubergine, la betterave, le brocoli, les champignons, le cresson, l'épinard, la laitue et les olives; l'abricot, la banane, le citron, la pêche et le raisin.

Attention! Des doses excessives de zinc risquent de provoquer des résultats tout à fait contraires à ce qui est escompté.

Peuvent entraver l'action du zinc: l'alcool, les diurétiques, les suppléments de calcium et le lait. En outre, les régimes végétariens ne sont pas faits pour les carencés en zinc. En effet, si certains fruits et légumes contiennent du zinc, c'est la consommation d'aliments riches en protéines (comme la viande et les œufs) qui favorise son absorption donc sa biodisponibilité.

Il est bon, en terminant, de préciser que la quantité requise de zinc dans l'organisme est accrue pour les jeunes en pleine période de croissance, pour les femmes enceintes, pour les femmes allaitantes, pour les personnes qui ont subi une opération chirurgicale ainsi que pour celles qui ont usé (ou abusé) de diurétiques ou d'alcool.

LES ASSOCIATIONS

- **Cuivre/zinc**

VOIR «Cuivre».

- **Zinc/nickel/cobalt**

VOIR «Cobalt».

RECETTE: HUÎTRES AU GRATIN

Contiennent du zinc: les huîtres, les épinards, le fromage et les champignons.

Ingrédients

3 douzaines d'huîtres
1 tasse (250 ml) de sauce béchamel
(voir la recette à la page 73)
1 sac d'épinards

¾ de tasse (185 ml) de champignons frais
3 jaunes d'œufs
sel et poivre au goût
¾ de tasse (185 ml) de fromage râpé (moitié gruyère, moitié mozzarella)

Préparation

Lavez et brossez les huîtres et disposez-les sur une plaque à biscuits couverte de gros sel.

Préparez la béchamel, laissez-la tiédir, puis versez-la dans le mélangeur. Ajoutez les épinards, les champignons et les jaunes d'œufs et mélangez quelques minutes. Salez et poivrez au goût. Répartissez la sauce et le fromage sur les huîtres et passez au four pour faire gratiner.

RECETTE: OMELETTE AU BACON ET AU SCARMOZA (pour 4 personnes)

Ingrédients

6 œufs
6 tranches de bacon frit et émietté
½ c. à thé (2 ml) de cerfeuil
sel et poivre
¼ de tasse (60 ml) de crème 35 %
½ tasse (125 ml) de fromage scarmoza coupé en petits dés
¼ de tasse (60 ml) de beurre
¼ de tasse (60 ml) d'échalote grise, hachée

Préparation

Dans un bol, fouettez les œufs avec la crème, le cerfeuil, du sel et du poivre au goût. Dans une poêle, faites revenir le bacon cuit et émietté et l'échalote dans le beurre. Versez ensuite, dans la poêle, le mélange d'œufs battus. Laissez cuire au goût, ajoutez le fromage, pliez l'omelette en deux et mettez au four à 375 °F (190 °C) pendant 5 minutes. Servez chaud.

RECETTE: PÊCHES FARCIES

Ingrédients

1 boîte de demi-pêches égouttées
4 oz (110 g) de fromage à la crème
2 tranches de jambon finement coupées
½ c. à thé (2 ml) d'estragon séché
2 c. à soupe (30 ml) de céleri haché fin
1 petit oignon haché fin
sel et poivre au goût
feuilles de céleri (celles du cœur sont les meilleures) pour décorer

Préparation

Dans un plat qui va au four, disposez 8 demi-pêches. Hachez finement les pêches qui restent. Dans un bol, défaites le fromage en crème et incorporez-y le jambon, le céleri, les pêches hachées, l'oignon et l'estragon. Salez et poivrez. Réfrigérez ce mélange 1 heure puis, juste avant de servir, mettez les pêches (non farcies) au four pour une dizaine de minutes. Ensuite, sortez-les du four et remplissez-les du mélange de fromage et jambon. Garnissez chaque moitié d'une feuille de céleri.

RECETTE: ASPERGES À LA SAUCE ORANGE

Ingrédients

24 asperges
½ orange
1 citron
3 jaunes d'œufs
½ lb (225 g) de beurre
2 c. à thé (10 ml) de Grand Marnier
1 pincée de poivre de Cayenne
sel et poivre au goût

Préparation

Épluchez les asperges, mettez-les en bottes et faites-les cuire dans de l'eau bouillante salée pendant une quinzaine de minutes.

Pendant ce temps, mettez les jaunes d'œufs et le Grand Marnier dans une casserole. Chauffez au bain-marie en fouettant vigoureusement avec un fouet pour obtenir un liquide crémeux qui s'appelle un «sabayon».

Dans le même temps, faites fondre le beurre à feu doux dans une casserole, écumez-le et ajoutez-le petit à petit au sabayon, sans cesser de fouetter. Salez et poivrez, ajoutez le poivre de Cayenne, arrosez d'un filet de jus de citron et de jus d'orange. Coupez le zeste de l'orange en fines lamelles et ajoutez-les à la sauce. Déposez les asperges sur le plat de service. Arrosez les pointes d'un peu de sauce et servez le reste dans une saucière.

ANNEXE

FRUITS ET LÉGUMES
et leurs oligoéléments

Voici une liste alphabétique de fruits et de légumes avec les sels minéraux et les oligoéléments qu'ils renferment, en plus ou moins grande quantité. Pour connaître les quantités exactes de chacun de ces minéraux et oligoéléments, vous devrez vous référer à un volume spécialisé.

Je vous offre cette liste dans le but de vous fournir une aide dans l'élaboration de vos menus.

ABRICOT

calcium, cobalt, cuivre, fer, fluor, magnésium, manganèse, phosphore, potassium, sodium, soufre, zinc

AIL

arsenic, cuivre, fer, iode, magnésium, manganèse, phosphore, potassium, sélénium, silicium, soufre, zinc

ANANAS

calcium, cuivre, fer, iode, magnésium, manganèse, phosphore, potassium, sélénium, silicium, sodium, soufre

ARTICHAUT

calcium, fer, magnésium, manganèse, phosphore, potassium, sodium, soufre

ASPERGE

calcium, cuivre, fer, fluor, iode, manganèse, phosphore, potassium, silicium, sodium, zinc

AUBERGINE

calcium, cuivre, fer, iode, magnésium, manganèse, phosphore, potassium, sodium, soufre, zinc

AVOCAT

Contient 17 minéraux dont du potassium en très grande quantité, mais aussi du calcium, du fer, du magnésium, du phosphore, du sodium; un des aliments les plus riches en réserves nutritives.

BANANE

calcium, cuivre, fer, fluor, iode, magnésium, manganèse, nickel, phosphore, potassium, sélénium, sodium, soufre, zinc

BETTERAVE

calcium, chrome, cobalt, cuivre, fer, iode, magnésium, manganèse, nickel, phosphore, potassium, sélénium, silicium, sodium, zinc

BLEUET

calcium, cuivre, fer, magnésium, potassium, sodium

BROCOLI

calcium, chrome, cobalt, cuivre, fer, iode, magnésium, manganèse, phosphore, potassium, sélénium, sodium, zinc

CANNEBERGE

calcium, fer, magnésium, phosphore, potassium, sodium

CAROTTE

arsenic, calcium, cuivre, fer, iode, magnésium, manganèse, nickel, potassium, sodium, soufre

CÉLERI

calcium, cuivre, fer, iode, magnésium, manganèse, phosphore, potassium, sodium, soufre

CERISE

calcium, fer, fluor, magnésium, manganèse, phosphore, potassium, sodium

CHOU

calcium, fer, fluor, iode, magnésium, manganèse, phosphore, potassium, silicium, sodium, soufre

CITRON

calcium, cuivre, fer, iode, magnésium, manganèse, phosphore, potassium, sodium, soufre, zinc

CONCOMBRE

calcium, fer, magnésium, manganèse, potassium, sodium

COURGE

calcium, fer, phosphore, potassium, sodium

CRESSON

calcium, cuivre, fer, fluor, iode, magnésium, phosphore, nickel, potassium, sodium, zinc

ÉPINARD

arsenic, calcium, cuivre, fer, fluor, iode, magnésium, manganèse, molybdène, nickel, phosphore, potassium, sodium, soufre, zinc

FIGUE

calcium, fer, magnésium, manganèse, phosphore, potassium, sodium

FRAISE

calcium, fer, iode, magnésium, manganèse, phosphore, potassium, silicium, sodium, soufre

FRAMBOISE

calcium, fer, magnésium, phosphore, potassium, soufre

GROSEILLE

calcium, fer, iode, magnésium, manganèse, phosphore, potassium, sodium

HARICOT

calcium, cuivre, fer, iode, magnésium, manganèse, molybdène, nickel, phosphore, potassium, sodium, soufre, zinc

KIWI

calcium, fer, magnésium, phosphore, potassium, sodium

LAITUE

calcium, cuivre, fer, iode, magnésium, manganèse, phosphore, potassium, sodium, zinc

MELON (cantaloup)

calcium, fer, magnésium, phosphore, potassium, sodium

NAVET

calcium, fer, iode, magnésium, manganèse, potassium, sodium

OIGNON

calcium, fer, iode, magnésium, manganèse, nickel, potassium, sélénium, silicium, sodium, soufre

OLIVE

calcium, cuivre, fer, magnésium, manganèse, phosphore, potassium, sodium, soufre, zinc

ORANGE

calcium, cuivre, fer, magnésium, manganèse, phosphore, potassium, sodium, zinc

OSEILLE

calcium, fer, phosphore, potassium, sodium

PAMPLEMOUSSE

calcium, fer, magnésium, manganèse, phosphore, potassium, sodium

PAPAYE

calcium, fer, magnésium, manganèse, phosphore, potassium, sodium

PÊCHE

calcium, cuivre, fer, magnésium, manganèse, phosphore, potassium, sodium, soufre, zinc

POIRE

calcium, fer, iode, magnésium, manganèse, phosphore, potassium, sodium

POIREAU

calcium, fer, iode, magnésium, manganèse, phosphore, potassium, silicium, sodium, soufre

POMME

arsenic, calcium, fer, magnésium, manganèse, phosphore, potassium, sodium

POMME DE TERRE

arsenic, calcium, cuivre, fer, magnésium, manganèse, phosphore, potassium, sodium, soufre

PRUNE

calcium, fer, iode, magnésium, manganèse, potassium, sodium

RAIFORT

calcium, fer, magnésium, manganèse, potassium, sodium

RAISIN

calcium, cuivre, fer, iode, magnésium, manganèse, nickel, phosphore, potassium, sodium, silicium, soufre, zinc

TOMATE

calcium, cuivre, fer, fluor, iode, magnésium, manganèse, nickel, phosphore, potassium, sélénium, sodium, soufre

LISTE DES RECETTES SELON LES OLIGOÉLÉMENTS

ALUMINIUM

Pain aux dattes

ARSENIC

Fricassée de bœuf, de porc, de carottes et de pommes de terre

Soupe de poisson et de pommes de terre, à l'estragon

CALCIUM

Collation santé ou déjeuner minute

Lait fouetté aux bananes

Macération d'écorces d'oranges et de citrons

Salade calcique

CHROME

Brocoli à l'ail et à l'oignon

Sangria

Vin santé

COBALT

Filets de truite angélique au citron
Garniture de tarte aux cerises

CUIVRE

Huile d'olive à l'ail
Galettes au blé entier et à la mélasse

FER

Côtes de bœuf au fromage
Épinards au ricotta

FLUOR

Salade composée
Soupe aux légumes et aux algues
Thé Gerry

IODE

Gratin de fruits de mer
Muffins à la gaspésienne
Salade de cresson et de fromage
Sauce béchamel

MAGNÉSIUM

Fondue parmesan au gruyère
Gratin de fruits de mer
Salade de poulet à l'orange

MANGANÈSE

Café de betteraves
Muffins aux bananes, aux carottes et au cacao

Salade composée
Salade de pissenlits

MOLYBDÈNE

Chaudronnée santé
Épinards au beurre et à l'ail
Trempette aux trois fromages

NICKEL

Carottes marinées
Haricots au beurre
Salade de chou et de carottes

PHOSPHORE

Confiture de pêches et d'ananas
Jus saveur nature
Potage de feuilles
Potage pré vert

POTASSIUM

Avocat santé
Compagnon d'été
Jus de laitue et de tomate à l'estragon
Jus de tomate et de pissenlits
Poireaux à la crème
Pomme de terre farcie au jambon fumé

SÉLÉNIUM

Betteraves marinées
Foie de veau à la sauce créole

Gratin de dinde et de brocoli
Remède beauté

SILICIUM

Canapés aux asperges
Gratin de légumes et de jambon
Raisins à l'eau-de-vie

SODIUM

Beurre aux olives
Croûtons au cheddar, au bacon et à l'origan
Gratin de moules

SOUFRE

Canapés de raifort au fromage à la crème
Crème de poireaux
Pomme de terre farcie au feta, aux olives vertes et au safran

ZINC

Asperges à la sauce orange
Huîtres au gratin
Omelette au bacon et au scarmoza
Pêches farcies

BIBLIOGRAPHIE

ESCOFFIER, A. *Ma Cuisine*, Paris, Ernest Flammarion éditeur, 1935

FEINSTEIN, Alice (direction rédactionnelle). *Encyclopédie des vitamines*, Laval, Québec, Éditions Modus Vivendi inc., 1998

FOX, Arnold M. D. et FOX, Barry M. D. *Boost your immune system now*, Rocklin, USA, Prima Publishing, 1990-1997

GIACON, Christophe. *Le grand livre des oligoéléments*, Paris, Éditions Générales First, 1998

HAINEAULT, Sylvie. *Les vertus thérapeutiques des agrumes*, Outremont, Québec, Éditions Quebecor, 1999

HORVILLEUR, Alain. *Le grand livre de l'homéopathie*, Lyon, Éditions les Créations du Pélican, 1996

KOENIG, Pr Pol et MARCHAL, Nicole. *Guide éclair des vitamines, sels minéraux et oligoéléments*, Montréal, Éditions l'Étincelle, 1992

LES CERCLES DE FERMIÈRES DU QUÉBEC. *La table en Fête,* Québec,. Éditions Les Cercles de Fermières du Québec, 1987

MONETTE, Solange. *Dictionnaire encyclopédique des aliments,* Montréal, Éd. du Club Québec Loisirs inc., Collection Santé-Dictionnaire.

PASTEUR, Jean-Louis. *Toutes les vitamines,* Gometz-la-Ville, Éditions J'ai lu, Collection Bien-être, 1994

PELLETIER, Geneviève. *Les vertus de l'ail,* Outremont, Québec, Éditions Quebecor, 1999

POLUNIN, Miriam et ROBBINS, Christopher. *La pharmacie naturelle,* Genève-Paris, Éditions Minerva, 1993

TURGEON, Louis. *Encyclopédie pratique des aliments et recettes pour triompher de 110 troubles de santé,* Québec, Éditions Virage, 1992

VALNET, Dr Jean, *Traitement des maladies par les légumes, les fruits et les céréales,* Paris, Maloine s.a. éditeur, 1985

VOGEL, Dr H.C.A. *Le petit docteur,* Publications Globe d'or, 1994

WALKER, Barbara. *Cristaux: mythes et réalités,* Saint-Jean-de-Braye, France, Éditions Dangles, 1993

WEIL, Andrew. *Huit semaines pour retrouver une bonne santé,* Paris, Éditions JC Lattès, 1998

WEIL, Brian. *Les vertus du raisin pour la santé,* Outremont, Québec, Éditions Quebecor, 1999

TABLE DES MATIÈRES